学習指導要領
新CS＆
3観点評価
対応！

小学校国語科 質の高い言語活動パーフェクトガイド

水戸部修治 編著

明治図書

まえがき

近年，小学校国語科の授業は大きく進展してきました。それはたくさんの方々の「子供が主体的に学べるようにしたい」という熱意や，「質の高い授業によって子供たちに言葉の力を付けたい」という思いに支えられた御努力とそれを具体化する実践によるものです。

しかし同時に，授業は極めて複雑な構造体であるが故に，絶えず新たな課題に直面します。現在の国語科授業実践について，大きくは次のような課題があると考えます。

①今後の変化の激しい社会を見据え，子供たちに付けたい言葉の力をどう見極めるか
②言語活動を通してそうした言葉の力を育むための単元をどう構想するか
③上述のような授業構想の基盤となり枠組となる新学習指導要領・国語をどう使いこなすか
④優れた実践をどう集積し，各学校や実践者の授業改善に活用できるようにするか

平成10年版学習指導要領以降，国語科では「言語活動を通して指導事項を指導する」という基本的な枠組が提示されてきました。この「言語活動」は指導のねらいを実現するためのものであり，かつ子供が主体的に思考・判断し，自らの思いなどを表現したりするために位置付けるものです。こうした言語活動を十分に機能させるためには，大前提として，子供たちに付けたい言葉の力を，未来社会を生きる子供たちにとってこそ必要な言葉の力とは何かという観点から見極めていくことが求められます。また具体的な単元において，そうした言葉の力を育むための適切な言語活動を選定したり設定したりするには，言語活動の特徴を分析するという観点からの教材研究も必要になります。さらには，単元の各単位時間やそれぞれの学習活動において，子供たちが学ぶ目的や必要性を自覚し確かな言葉の力を身に付けることができる学習指導過程を柔軟な発想で構築することも重要になります。加えて，新学習指導要領の趣旨を踏まえた評価規準の具体化も求められます。

こうした学習指導要領の枠組や，それを具体化するための課題は，平成29年３月に改訂された新学習指導要領・国語及びその具体化においてもそのまま引き継がれています。

この数年間，多くの方々の授業改善へのチャレンジによって，実践上の課題に対する知見が豊富に蓄積されてきました。本書は，こうした「主体的・対話的で深い学び」の実現につながる授業実践を集積し，読者の皆様が新学習指導要領・国語を十二分に使いこなし，さらなる実践の展開を目指すことを祈念して刊行するものです。

本書に寄せていただいた優れた実践が全国の数多くの実践者と共有されることで，国語科の一層の授業改善を実現し，未来を生きる子供たちのための国語科授業改革につながっていくものと確信しています。

2018年７月

水戸部修治

Contents

第１学年の授業づくり

第２学年の授業づくり

Chapter 1

新学習指導要領が目指す授業改善と質の高い言語活動

未来を生きる子供たちのための国語科授業改革

1　これからの社会と子供たち

今我々が生きる社会は，急速な変化の中にある。

とりわけ我が国の少子高齢化は，世界で最も深刻なスピードで進んでいる。『平成29年版少子化社会対策白書』（内閣府）によれば，世界全域の年少人口（０～14歳の人口）の割合（国連推計）は，26.1％であるが，我が国の総人口に占める年少人口の割合は，12.4％と世界的に見ても小さくなっている。また『平成29年版高齢社会白書』（内閣府）によれば，我が国は世界で最も高い高齢化率であることが指摘されている。世界のどの国も経験していないスピードで少子高齢化が進んでいるのである。

先行する諸外国の取組を参考に，日本の実情に合わせてうまく取り込んで対策を講じるというこれまでの手法は，こうした状況下ではとることができない。すなわち今我々は，手本や正解が極めて見いだしにくい時代の中にいるのだ。産業構造の変化や高度情報化，グローバル化など，社会の変化は加速し続け，20年後，30年後はさらに先を見通しにくい状況となっているだろう。子供たちはそうした変化の激しい社会で成長し，その社会を担っていくこととなるのである。

2　変わる大学入試

今後の大学入試等の在り方を検討してきた文部科学省所管の「高大接続システム改革会議」は，「最終報告」（平成28年３月）において，次のような指摘を行っている。

○これからの時代に我が国で学ぶ子供たちは，明治以来の近代教育が支えてきた社会とは質的に異なる社会で生活をし，仕事をしていくことになる。
○混とんとした状況の中に問題を発見し，答えを生み出し，新たな価値を創造していくための資質や能力が重要（後略）。
○こうした資質や能力は，先進諸国に追いつくという明確な目標の下で，知識・技能を受動的に習得する能力が重視されてきたこれまでの時代の教育では，十分に育成することはできない。
○我が国と世界が大きな転換期を迎えた現在，この教育改革は，幕末から明治にかけての教育の変革に匹敵する大きな改革であり，それが成就できるかどうかが我が国の命運を左右すると言っても過言ではない。

すなわち，前項で述べてきたような社会の変化は今後一層激しいものとなり，そうした未来社会を生きる子供たちにとって必要な資質・能力を確かに育むための教育を実現することが強く求められるのである。この「最終報告」では，大学入試において，大学教育を受けるために必要な能力としてどのような力を評価すべきかということに関して，次のような方向性を示している。

「別添資料７」
各教科の知識をいかに効率的に評価するかではなく，特に，
①内容に関する十分な知識と本質的な理解を基に問題を主体的に発見・定義し，
②様々な情報を統合し構造化しながら問題解決に向けて主体的に思考・判断し，
③そのプロセスや結果について主体的に表現したり実行したりするために必要な諸能力をいかに適切に評価するかを重視すべき。

今回の学習指導要領の改訂は，こうした大学入試の在り方とも連動した一体的な改革であるととらえることができるだろう。教育の在り方もまた，社会構造の大きな変化とは無関係に考えることはできない。

3　これからの社会を生きる子供たちに必要な国語の能力の明確化

国語科の授業づくりにおいては，こうした未来社会を生きる子供たちにとってこそ必要な資質・能力を育むことが一層重要となる。子供たちにとって必要な国語の能力を整理し体系化するのはたやすいことではない。しかし先述のような，膨大な情報があふれ，必要な知識も日々更新されていくような社会にあっては，例えば与えられた知識を覚えるにとどまらず，必要な知識を自ら獲得していくための資質・能力が一層重要になるだろう。

平成29年版学習指導要領でも，小学校の「第３　指導計画の作成と内容の取扱い」で，

2⑴イ　表現したり理解したりするために必要な文字や語句については，辞書や事典を利用して調べる活動を取り入れるなど，調べる習慣が身に付くようにすること。
2⑶　第２の内容の指導に当たっては，学校図書館などを目的をもって計画的に利用しその機能の活用を図るようにすること。その際，本などの種類や配置，探し方について指導するなど，児童が必要な本などを選ぶことができるよう配慮すること。（以下略）

などが示されている。調べ学習を行う場合，例えば図鑑や事典，インターネットなどを駆使して，必要な情報を見付け出すことが考えられる。情報を見付け出すためには，本の題名や種類などに注目したり，見出しや目次を活用したりする必要が出てくる。また，索引を利用したり

パソコンを利用して検索をしたりすることも必要となる。

その際，目次や索引の使い方を知っているということに加えて，自分の課題解決に必要な情報は何かをはっきりさせることが必要である。さらには，その情報がどこにあるのか，どのようなキーワードを用いて検索すればよいのかを判断することも大切になる。加えて，たくさん集まった情報を取捨選択したり，分類・整理したりして活用しやすい状態にすることも求められる。すなわち，知識や技能を駆使して課題を解決するための思考力・判断力・表現力等が必要となる。また，必要な情報や解決方策がいつもすぐ見付かるわけではない。手に取った図鑑や事典に情報がない場合には，検索ワードを変えてみる，他の図鑑や事典にも当たってみる，友達や先生によい情報源がないかどうか尋ねてみるなど，他者と協働しながら粘り強く取り組んでいく態度なども大切になるだろう。当然こうした資質・能力は，一つの学年や特定の単元で指導するだけでは十分ではない。子供たちの発達の段階に応じ，小・中・高等学校を見通して系統的に指導することとなる。

高度情報化が一層進む社会を生きる子供たちにとって必要な能力の一例として，情報を検索したり収集したりする能力について検討を試みた。例えば，話すこと・聞くことや書くことにおける情報収集の学習や，説明的な文章の学習の在り方を構想する際にも，こうした子供たちにとって必要な資質・能力を見極めることが重要なものとなる。

質の高い言語活動を位置付けた授業づくり

1　授業の成否を握る言語活動

言語活動の充実は，平成20年版学習指導要領において，各教科等を貫く改善の視点として位置付けられてきた。また国語科においては，平成10年版学習指導要領以降，言語活動を通して指導事項を指導することを基本としてきた。後述するが，平成29年版学習指導要領ではさらに，教科目標に言語活動を通して国語の資質・能力を育成することを明示している。すなわち，国語科の授業づくりにおいては，そこに位置付ける言語活動の質が，その成否を握ると言っても過言ではない。

2　質の高い言語活動の要件とは

国語科の学習に限らず，学習指導において「活動あって学びなし」といった課題点は，従来も指摘されてきたところである。この課題に立ち向かうためには，安易に活動なしの授業に戻るのではなく，学びを生み出すための言語活動の質を高めることが重要になる。では，質の高い言語活動とはどのようなものであるととらえればよいだろうか。

国語科における言語活動は，国語科で育成を目指す資質・能力を育成するためのものである。従って，質の高い言語活動とは，端的に言えば，育成を目指す国語の資質・能力を子供たちが身に付ける上で，しっかり機能する言語活動であると言えるだろう。このことを大前提として，より具体的には次のような視点が重要になる。

❶育成を目指す資質・能力を具体化・顕在化させる言語活動

第１には，言語活動によって，当該単元で育成を目指す資質・能力を子供もそして教師も具体的にとらえられるようにするものとなることが大切になる。言語活動は資質・能力そのものではないが，形として見えやすいという特徴をもつ。それ故，言語活動は国語の資質・能力をより具体化し顕在化させる働きをもつ。

子供たちが当該単元で身に付ける資質・能力は，当該単元で取り上げて指導する〔知識及び技能〕，〔思考力，判断力，表現力等〕の指導事項等によって規定される。例えば小学校第１学年及び第２学年〔思考力，判断力，表現力等〕「Ｃ読むこと」には，「ウ　文章の中の重要な語や文を考えて選び出すこと」がある。一見「文章を書いた人が言いたい重要な言葉に線を引きましょう」といった指示をすればこの内容を指導できそうであるが，読めば読むほど大事な言葉に引いた線が多くなってしまうといった状況にしばしば陥る。刊行された文章は，筆者が伝えたい多くの情報から選びに選んで書いたものであり，文章全体が「文章を書いた人が言いたい重要な言葉」の集まりなのである。

そこで例えば，「○○についての文章を読んで，初めて知って驚いたことを説明するために重要な言葉や文を考えて選びましょう」といった，子供自身が思考したり判断したりすることを促す学習活動を工夫することとなる。つまり，「文章を読んで初めて知って驚いたことを説明する」といった単元全体に位置付ける言語活動によって，「考えて選び出す」という当該単元で育成を目指す資質・能力がより具体化され，低学年の子供にもとらえやすいものとなるのである。

❷子供たちにとっての課題解決の過程となる言語活動

第２には，言語活動が子供たちにとっての課題解決の過程となることが大切になる。社会科や理科，家庭科や総合的な学習の時間など，各教科等の学習においては，課題解決や問題解決など，呼称の異なりはあっても，おおむね課題解決の過程を取る学習指導が構想されるのが一般的である。国語科においては，言語活動が課題解決の過程として機能するように単元全体を通して位置付けることによって，当該単元で育む〔知識及び技能〕，〔思考力，判断力，表現力等〕は一層鮮明に浮かび上がる。

先述の「Ｃ読むこと」には，「ア　時間的な順序や事柄の順序などを考えながら，内容の大体を捉えること」がある。これだけを見てしまうと，子供の主体的な思考や判断等の必要のない，単なる内容の読み取りをさせればよいように思えるかもしれない。しかしこうした指導事項は，学習の過程を明確にして示されたものである。すなわち，「内容の大体を捉えること」

が単独であるのではなく，「重要な言葉を考えて選び出すこと」や，「自分の体験と結び付けて感想をもつこと」，さらには「感じたことや分かったことを共有すること」といったそれぞれの過程を明確にして示された指導事項と相互に関連付けられることが必要である。このことによって，無目的な読み取りではなく，読む目的に応じて重要な言葉を選び，感想をもったり共有したりすることに向けた前提として，内容の大体を把握するのだという見通しをもつことができるようになる。なお，「A話すこと・聞くこと」や「B書くこと」に明示されているような課題設定について，「C読むこと」では指導事項としては明示されていない。しかし，読むことに関する課題設定から始まる単元の一連の学習過程を，言語活動によって具体化することにより，子供自身の目的意識を明確にして資質・能力を高めていく学習指導が可能となるのである。

❸子供たちが主体的に学ぶことに機能する言語活動

第3に，子供の側から言語活動を見たときに，言語活動によって学ぶ目的や意義，価値そして楽しさを実感できるものであることが重要になる。国語科で育成を目指す資質・能力は，単に暗記したり指示通りに手順をこなしたりするだけで身に付くものにとどまらず，変化する状況や条件を踏まえ，必要となる知識や技能を生かして思考・判断・表現することによって獲得できるものである。そうした資質・能力を身に付ける原動力となるのが主体的に学ぶ意欲である。前述の「文章を読んで初めて知って驚いたことなどを説明する」言語活動の例であれば，学級全員の子供たちが同じ教材文を読んで初めて知ったことを説明する学習は考えられるかもしれない。しかし子供の側に立ってみれば，自ら選んでもっといろいろな図鑑や事典を読み，強く興味を引かれることを発見したときこそ，友達や教師，家族に説明したいという思いを明確にするであろう。そうした思いが，教科書にはない難しい言葉でも夢中になって理解し，自分が興味をもったことをきちんと説明するために情報を精査して読むことへの原動力となる。

質の高い言語活動と新学習指導要領・国語

1　主体的・対話的で深い学びの視点からの授業改善

❶教師の，育成を目指す資質・能力のとらえ方の深さが「深い学び」を生み出す

今回の改訂では，育成を目指す資質・能力が単に教え込めば定着するものではなく，生きて働く「知識及び技能」や，未知の状況に対応できる「思考力，判断力，表現力等」，そして「学びに向かう力，人間性等」といったものであることから，「主体的・対話的で深い学び」の視点からの授業改善が重視されている。その際，「主体的・対話的」は比較的把握しやすいが「深い学び」とは何かがとらえにくいという指摘もある。

「深い学び」の具体的な姿を解明するためには，そこで育成を目指す言葉の力とはいったい何かということを本質的なところで明らかにする必要がある。「活動ばかりで力が付かない」という言葉を聞くことがあるが，活動を重視するから力が付かないのではなく，いったいどんな言葉の力を付けたいのかがあいまいなまま活動をしてしまうことから，そのような状況に陥ることが極めて多く見受けられる。安易に活動のない，教材を教え込む授業に戻ることが深い学びにつながるわけではない。むしろ教科目標に明示されたように，国語科は，言語活動を通して資質・能力を育成する教科であることから，言語活動の質の高さが資質・能力を確かに育成できるかどうかに直結するものとなる。

今回の改善点の一つである，語彙を豊かにすることを例に考えてみよう。語彙を豊かにするための指導の在り方を，辞書にある言葉を暗記させるととらえてしまうのではなく，子供たちが自分に必要な情報を理解したり，自分の思いにふさわしい言葉で表現したりするなど，課題解決の過程となる言語活動を行う中で，多彩な言葉を駆使できるようにすることを目指すことが「深い学び」の視点からの授業改善につながる。

これは，学習指導要領の構造にも大きく関わる。今回の学習指導要領の国語の内容は，〔知識及び技能〕と，３領域で構成される〔思考力，判断力，表現力等〕と大きく二つの柱で構造化されている。現行と異なり，〔知識及び技能〕が先に示されているため，まずこれを一つ一つ教え込んだ後で，〔思考力，判断力，表現力等〕を指導するというイメージでとらえてしまうと，〔知識及び技能〕のとらえ方は本質的なところには至りにくい。

また国語の場合，「深い学び」とは，深く読み取らせることなのではないかととらえられる場合もある。しかし，深く読み取るというのは，極めてあいまいな言い方である。まず学年の系統性がはっきりしていない。また例えば作品の主題を深くとらえると言ったときに，主題とは何かを考える際，作者が伝えたかったことという意味合いだけではなく，作者の手を離れて，作品そのものがもつメッセージという意味合いや，さらには読者自身が自分の思考や感情や体験とどう重ねて新たな意味を見いだしていくかという，読者の視点も重要になる。そうした多面的な視点から主題をとらえる必要があると考えていくと，教材を深く読み取らせると言っただけでは非常にあいまいなのである。

むしろ子供たちに育みたい読む能力は，ただ単に与えられた文章の意味内容を受け取るだけの狭いものではなくなってくるだろう。10年後，20年後，30年後を見据え，子供たちが変化の激しい社会を生きていくためには，いったいどんな読む能力が必要なのかと考えたときに，いろいろな情報を自ら手を伸ばして得たり，一つの情報だけではなく，複数を比較検討して自分の考えを明確にしたりする力も一層重要になる。

つまり，子供たちにとって必要な資質・能力を教師がとらえる深さが「深い学び」を生み出す基盤になっていくのである。

❷これまでの学びを生かして「言葉による見方・考え方」を働かせていく

「深い学び」の鍵となるのが「見方・考え方」であると言われている。新『小学校学習指導要領解説国語編』には，「指導計画作成上の配慮事項」の解説箇所に，次のような記述がある。

> ○国語科は，様々な事物，経験，思い，考え等をどのように言葉で理解し，どのように言葉で表現するか，という言葉を通じた理解や表現及びそこで用いられる言葉そのものを学習対象としている。言葉による見方・考え方を働かせるとは，児童が学習の中で，対象と言葉，言葉と言葉との関係を，言葉の意味，働き，使い方等に着目して捉えたり問い直したりして，言葉への自覚を高めることであると考えられる。

国語科が「言葉そのものを学習対象としている」ことについては，これまでもその重要性が指摘されてきた。例えば説明的な文章教材では，乗り物の機能に応じた構造や昆虫，動植物の生態などを取り上げた内容のものが多く見られる。しかし乗り物の構造や動植物の生態に詳しい子供を育てることが国語科のねらいではない。

もう一つの視点は，「言葉への自覚を高めること」である。これは，「児童が」自ら言葉への自覚を高めることを意味している。そのための手立てとして教師が指導を工夫することは不可欠であるが，教師の指示がなければいつまでも言葉を自覚的にとらえない子供を育てようとするのではない。真に目指すのは子供自身が自覚的に言葉に着目する姿である。

ではどうすれば子供自身が言葉に着目することが可能になるだろうか。国語科では従来から言葉にこだわることが重視されてきたが，どちらかと言えば教師がこだわるのみであったり，教師のこだわる言葉を言い当てさせたりすることになってしまうこともあったのではないだろうか。また，小学校高学年以降はまだしも，低学年の子供たちが言葉にこだわるといったことは想定しにくいといったこともあるのではないか。

しかし，低学年の子供たちであっても，お気に入りの物語を読んで「ここが大好き」といった思いをもつことがあるだろう。また中・高学年の子供たちが物語の「ここが引っかかる」「ここがじーんと来る」といった感情を抱くこともあるだろう。読むことに苦手意識をもつ子供たちが，大好きなところを見付けることにも課題がある現状を踏まえると，子供自身が言葉に着目する機会を一層重視する必要がある。

もちろん，単発の活動として好きなところを見付けるだけでは十分ではない。言葉に自覚的になるためにも，子供自身にとっての課題解決の過程となる言語活動を位置付けることが重要になる。

例えば，低学年であれば「お気に入りの物語の大好きなところとそのわけを紹介し合おう」，高学年なら「心に響く作品の魅力を理由をはっきりさせて推薦しよう」といった言語活動を工夫することが考えられる。低学年の子供たちであっても，自分のお気に入りの物語を紹介するのであれば，適当に本を差し出すのではなく，どこがなぜ好きなのかを懸命に説明しようとするであろう。そうした局面を生かすことで，改めて自分が大好きな言葉はどの叙述なのか，そしてその理由となる言葉はどこにあるのかを吟味するだろう。それは，言葉と言葉との関係をとらえたり問い直したりする姿でもある。例えばこうした言語活動を工夫することが，子供が言葉への自覚を高めることを可能にするのである。

「大好きなところ」「心に響く優れた叙述」だとする理由は，学年によって異なる。低学年なら，当該の場面の登場人物の言動や，自分の経験との結び付きが挙げられる。例えば「勇気のあることをしたから好き」「自分も同じ経験があるから好き」などといった理由付けをすることが考えられる。中学年なら当該の場面のみならず，前後の場面の移り変わりや登場人物の気持ちの変化を押さえることとなる。またシリーズ作品間の関連性を基に好きな理由を挙げることも考えられる。高学年なら人物の相互関係とその変化など物語全体の叙述を結び付けて意味を見いだしたり，同じテーマの他の作品と関連付けたりして理由付けすることも考えられる。

こうした手がかりは，指導事項等から導き出すことができる。つまり繰り返し身に付けながら系統的に上の学年に発展していくのである。「見方・考え方」はそれを働かせて資質・能力を身に付けるものであるために，当該単元で育成を目指す資質・能力そのものではない。前学年・前単元までに身に付けた資質・能力が基盤となって，次単元・次学年の学習で働く言葉による見方・考え方が養われることとなる。

2　授業改善に向けて押さえたい新学習指導要領・国語の構造と基本的な特徴

❶教科目標及び学年目標

教科目標は次の通りである。

第1　目　標

言葉による見方・考え方を働かせ，言語活動を通して，国語で正確に理解し適切に表現する資質・能力を次のとおり育成することを目指す。

(1)　日常生活に必要な国語について，その特質を理解し適切に使うことができるようにする。

(2)　日常生活における人との関わりの中で伝え合う力を高め，思考力や想像力を養う。

(3)　言葉がもつよさを認識するとともに，言語感覚を養い，国語の大切さを自覚し，国語を尊重してその能力の向上を図る態度を養う。

今回の改訂においては，従来からの，言語活動を通して指導事項を指導するという国語科の基本的な特徴を，教科目標に明示している点に大きな特徴がある。すなわち，単元に位置付ける言語活動の質が，子供たちに育成を目指す資質・能力を十分に育めるかどうかを決定付ける鍵になるとも言えるだろう。平成20年版学習指導要領下では，言語活動を明確に位置付けた授業改善が飛躍的に進んだが，その成果を一層生かし，着実に授業改善を進めることが重要になるのである。

学年目標は，後述の資料（pp.29～31）の通りである。教科目標と同様に，⑴は「知識及び技能」，⑵は「思考力，判断力，表現力等」，⑶は「学びに向かう力，人間性等」に係る目標として示されている。現行学習指導要領が領域ごとに学年目標を示していたのに対して，新学習指導要領では，資質・能力の三つの柱で示している点が変更点である。

❷各学年の内容

各学年の内容は，後述の資料（pp.29～31）の通りである。国語科の「２　内容」には，「知識・技能」に関わるものを〔知識及び技能〕，「思考力，判断力，表現力等」に関わるものを〔思考力，判断力，表現力等〕として示している。さらに〔思考力，判断力，表現力等〕は，現行同様「A 話すこと・聞くこと」，「B 書くこと」，「C 読むこと」の３領域によって構成されている。現行では３領域の後に〔伝統的な言語文化と国語の特質に関する事項〕が示されているのに対して，新学習指導要領では〔知識及び技能〕が〔思考力，判断力，表現力等〕より先に示される形をとっている。しかしこれは指導の順序性を示すものではないことに留意したい。つまり，まず知識や技能を与えて，後で思考・判断・表現させるといった一方通行の指導過程に変えていくという趣旨ではないことに留意する必要がある。

また国語科においては，「学びに向かう力，人間性等」については教科目標及び学年目標にのみ示され，内容には示されていない。「学びに向かう力，人間性等」は，それ自体が重要な資質・能力であるとともに〔知識及び技能〕や〔思考力，判断力，表現力等〕として内容に示された資質・能力を身に付ける上でも極めて重要な役割を担うものである。そのため，各単元で育成を目指す資質・能力を明確化するためには，年間指導計画を見通した上で，当該単元で指導する〔知識及び技能〕や〔思考力，判断力，表現力等〕の指導事項等を明らかにすることに加え，当該単元でどのような「学びに向かう力，人間性等」を育むのかを各学校等において明確にすることが大切になる。知識や技能を単に与えられた通りに使ったり，特定の思考の型通りに言語操作したりすることにとどまらず，自分自身の課題意識に支えられて自ら言葉に関する資質・能力を身に付けようとしたり，それを，新たな考えを創造するため，あるいは人と人とのよりよい関係をつくるためなどに用いたりしようとすることなどが重要になるのである。

❸指導計画の作成と内容の取扱いのポイント

新学習指導要領の「第３　指導計画の作成と内容の取扱い」には，授業を構想する際の重要な枠組みが多く示されている。

例えば第３の１に示す指導計画の作成に当たっての留意点として，「⑴　単元など内容や時間のまとまりを見通して，その中で育む資質・能力の育成に向けて，児童の主体的・対話的で深い学びの実現を図るようにすること。（以下略）」が示されており，主体的・対話的で深い学びの実現を図る上では，単元が国語科における学習の基本的な単位であることを明確にしている。

また「(6)　第２の第１学年及び第２学年の内容の〔知識及び技能〕の(3)のエ，第３学年及び第４学年，第５学年及び第６学年の内容の〔知識及び技能〕の(3)のオ及び各学年の内容の〔思考力，判断力，表現力等〕の『Ｃ読むこと』に関する指導については，読書意欲を高め，日常生活において読書活動を活発に行うようにするとともに，他教科等の学習における読書の指導や学校図書館における指導との関連を考えて行うこと」として，〔知識及び技能〕の読書に関する事項と「Ｃ読むこと」の指導に当たっては，読書活動等を十分取り入れた指導が求められている。

さらに第３の２に示す内容の取扱いについては，前掲の調べる活動や学校図書館の機能活用や情報検索等についての取扱いに加えて，例えば「(1)ア　日常の言語活動を振り返ることなどを通して，児童が，実際に話したり聞いたり書いたり読んだりする場面を意識できるよう指導を工夫すること」などが示されている。

3　新学習指導要領をフル活用するポイント

❶単元を基本単位とした，言語活動を通した課題解決の過程の構築

これまでも述べてきたように，〔知識及び技能〕の指導においては，自分自身の課題解決の過程となる言語活動の中で，必要となる知識や技能を獲得し使いこなしていくという姿が重要になる。これは〔思考力，判断力，表現力等〕の各領域の中でも同じことが言える。国語科における「思考力，判断力，表現力等」は，単に思考スキルを訓練したり，その場その場で教師の指示に従って思考したりすることを意味するものではなく，子供たち自身にとっての課題の解決に向かう過程において，目的性や必然性をもって思考・判断し，表現していくことで育まれる資質・能力である。そしてその課題解決は単元を基本単位として位置付けた言語活動によって具体化することを基本としている。以下，３領域について，指導事項の配列をどのようにとらえて，課題解決の過程を構築することに役立てればよいかを見ていこう。

ア　「Ｂ書くこと」の指導事項の配列と指導に生かすポイント

学習指導要領では従前から，学習の過程を明確にして指導事項を示している。この示し方を手がかりにすることが，単元構想の際に重要になる。平成10年版以降，こうした学習の過程が最も明示されているのが「Ｂ書くこと」である。新学習指導要領では「Ｂ書くこと」の指導事項は，図１に示すように，「題材の設定，情報の収集，内容の検討」，「構成の検討」，「考えの形成，記述」，「推敲」，「共有」といった書くことの過程に沿って，それぞれのプロセスで働く資質・能力を明確に示している。もちろん，書くことの過程は常にこのように一方通行であるわけではないため，実際の単元構想に当たっては，柔軟に学習の過程を組み替えて，指導の効果を高めることが重要になる。

イ 「A話すこと・聞くこと」の指導事項の配列と指導に生かすポイント

「A話すこと・聞くこと」では図2に示すように,「話すこと」,「聞くこと」,「話し合うこと」それぞれに学習の過程が見えるようにしている。例えば「聞くこと」においても,話を聞くプロセスから学習指導がスタートするのではなく,何について聞きたいかを明確にしたり,どのように聞いて質問するかを構想したりする資質・能力も重要になる。そのため,アに示す「話題の設定,情報の収集,内容の検討」は,現行の「話すこと・聞くこと」の指導事項の構成と同様に,「話すこと」のみならず「聞くこと」,「話し合うこと」いずれにもかかるものとなっている。おおむねア→イ→ウ→エ→オという一つの系統で過程を示す「B書くこと」とは異なる構造である点に留意する必要がある。

ウ 「C読むこと」の指導事項の配列と指導に生かすポイント

「C読むこと」には「構造と内容の把握」「精査・解釈」「考えの形成」「共有」の指導事項が示されている。しかし,「A話すこと・聞くこと」,「B書くこと」と比較して,指導事項の配列を見ただけでは学習の過程がつかみにくくなっている。そこで,指導に生かすためには次のような点に留意することが極めて重要なものとなる。

○「A話すこと・聞くこと」の「話題の設定」や「B書くこと」の「題材の設定」に当たる指導事項が明示されていないため,これを言語活動の設定の工夫や〔知識及び技能〕の事項で補い,「読書課題の設定と構想」とも言うべき過程を創り出すこと。

図1

〔思考力,判断力,表現力等〕「B書くこと」
(1)書くことに関する次の事項を身に付けることができるよう指導する。

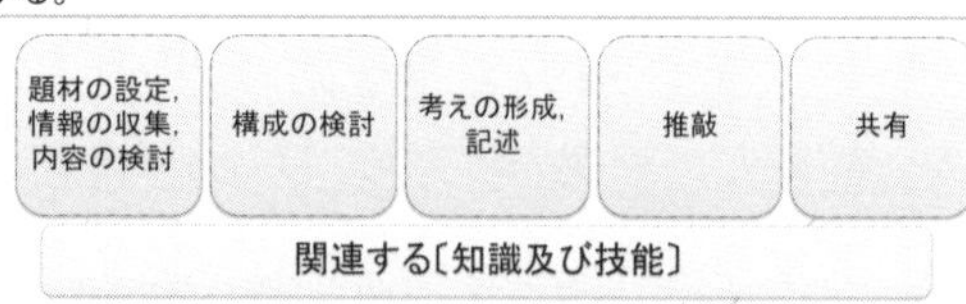

(2) (1)に示す事項については,例えば,次のような言語活動を通して指導するものとする。

言 語 活 動

※必ずしも上記の順番に指導する必要はない。

図2

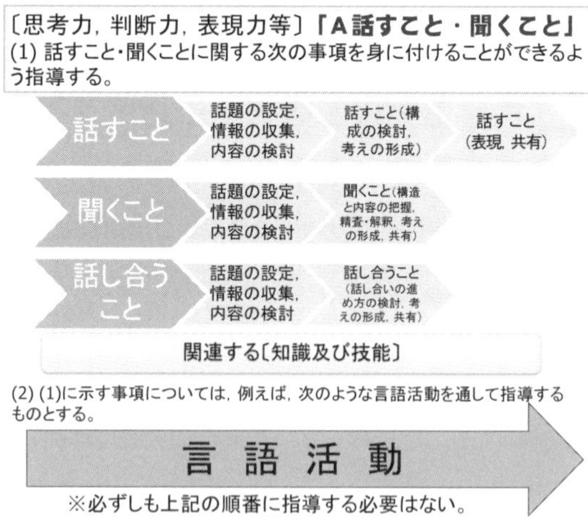

〔思考力,判断力,表現力等〕「A話すこと・聞くこと」
(1) 話すこと・聞くことに関する次の事項を身に付けることができるよう指導する。

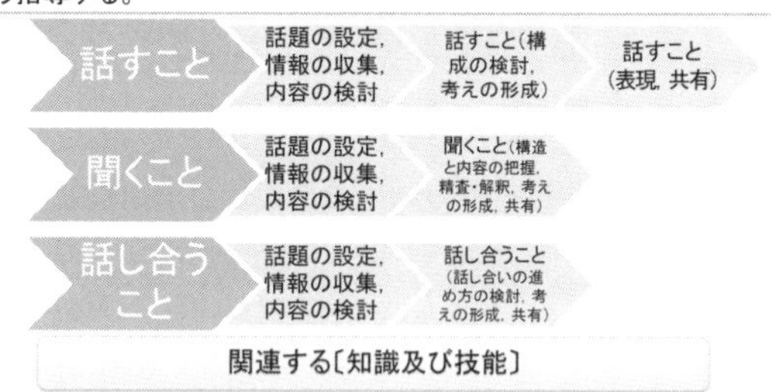

(2) (1)に示す事項については,例えば,次のような言語活動を通して指導するものとする。

言 語 活 動

※必ずしも上記の順番に指導する必要はない。

図3

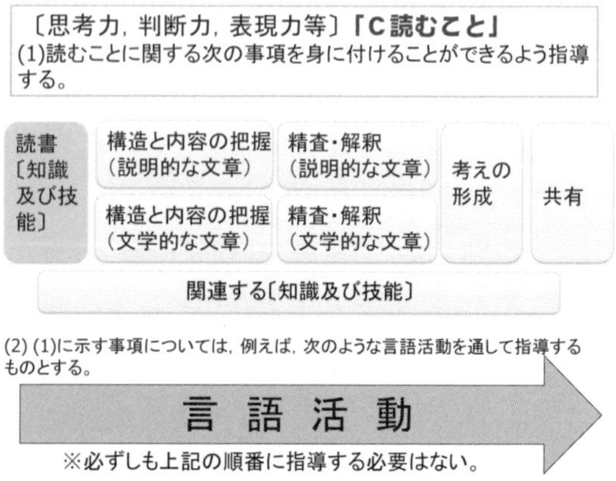

〔思考力,判断力,表現力等〕「C読むこと」
(1)読むことに関する次の事項を身に付けることができるよう指導する。

読書〔知識及び技能〕
構造と内容の把握(説明的な文章)
精査・解釈(説明的な文章)
構造と内容の把握(文学的な文章)
精査・解釈(文学的な文章)
考えの形成
共有
関連する〔知識及び技能〕

(2) (1)に示す事項については,例えば,次のような言語活動を通して指導するものとする。

言 語 活 動

※必ずしも上記の順番に指導する必要はない。

○「構造と内容の把握」や「精査・解釈」の指導事項の趣旨を明確に把握し，単なる無目的な読み取りに陥らないようにすること。

○現行学習指導要領にある「目的に応じた読書に関する指導事項」が明示されていないため，学年目標の(3)や〔知識及び技能〕(3)の読書に関する事項を十分生かすとともに，「第３　指導計画の作成と内容の取扱い」の２(3)に示す学校図書館の機能の活用や，言語活動例を豊かに具体化するなどして補うこと。

こうした点を整理すると，図３のように表すことができる。

このように，特に「Ｃ読むこと」については，指導事項だけで一連の学習過程を示しているわけではない。しかしこれは学習指導要領が，資質・能力を整理して提示するという役割をもっていることからくるものである。学習指導要領を十二分に生かして授業改善を推進していくためには「Ｃ読むこと」の指導事項だけを視野に入れるのではなく，学習指導要領全体を視野に入れて読むことの授業を構想することが重要であり，こうした使いこなし方を工夫することがさらなる授業改善の重要なステップともなる。

❷指導事項を読み解き，その趣旨を生かし切る

ここでは，国語科の授業改善の鍵を握るとも言える「Ｃ読むこと」の指導事項を取り上げて，さらに検討を進めたい。

ア「精査・解釈」の趣旨をどうとらえるか

「Ｃ読むこと」には，「構造と内容の把握」「精査・解釈」といった指導事項が示されている。この指導事項の趣旨を，現行と比較して考えてみよう。

第１学年及び第２学年「Ｃ読むこと」
現行：文学的な文章の解釈
　ウ　場面の様子について，登場人物の行動を中心に想像を広げながら読むこと。
新：構造と内容の把握（文学的な文章）
　イ　場面の様子や登場人物の行動など，内容の大体を捉えること。
　　精査・解釈（文学的な文章）
　エ　場面の様子に着目して，登場人物の行動を具体的に想像すること。

例えば，第１学年及び第２学年の現行学習指導要領の「読むこと」の領域の文学的な文章の解釈に関する指導事項には，「場面の様子について，登場人物の行動を中心に想像を広げながら読むこと」が示されている。これが新学習指導要領では「精査・解釈」の指導事項として「場面の様子に着目して，登場人物の行動を具体的に想像すること」と改訂されている。つまり「場面の様子について」が，「場面の様子に着目して」という文言に変わっているのである。

一見，同じような意味にしか取れないかもしれないが，「着目して」という文言に変わった

ことよって,「着目するのは誰なのか」という視点がクローズアップされてくる。自明のことであるが,教師が着目するのではもちろんなく,子供自身がこの場面を特に取り上げるのだという意味合いであることが鮮明になるだろう。

その際,低学年の子供がある場面に着目して読むといったことなどあるのだろうかと案じることもあるだろうが,学年の発達の段階に応じて言語活動を工夫することで可能となる。低学年では例えば,「大好きな作品を紹介するためにお気に入りの場面をはっきりさせる」といった言語活動によって,自ら読むべきだと判断した「場面の様子に着目」して読むという資質・能力を発揮しやすくなるのである。

このように,子供自身が思考・判断するという要素を明示することによって,「精査・解釈」が無目的に読み取ることではなく,子供自身が読む際に主体的に働かせる〔思考力,判断力,表現力等〕の資質・能力を示すものであることを一層明確にしているのである。そう考えると,今までの授業では「今日は3の場面を読むよ」と,子供の思考・判断が入る余地なしで教師の指示する場面を読み取る学習となりがちだったものが,「あなたは大好きなお話を紹介するために特にどの場面に着目して読んでみたい？　どの言葉を取り上げて作品のよさを紹介したい？」といった子供自身が言葉に着目する授業構想が容易になってくる。

イ 「構造と内容の把握」の趣旨をどうとらえるか

もちろんその際,着目した場面だけしか読まないことを意味するのではない。そのためにこそ,「構造と内容の把握」の指導事項が意味をもつようになってくる。例えば低学年の文学的な文章における「構造と内容の把握」のイの指導事項には,「場面の様子や登場人物の行動など,内容の大体を捉えること」が示されている。一見すると,ただ無目的に内容の読み取りをすればよいようにとらえられるかもしれない。しかしこれはあくまでも〔思考力,判断力,表現力等〕の指導事項である。つまり,前掲のエの指導事項にあるように,子供自身が「場面の様子に着目」できるようにするための前提となるプロセスで働く資質・能力が「内容の大体を捉えること」である。そのため単に無目的に内容を読み取ればよいのではなく,作品を紹介するなどの目的を十分見通して,自分自身がどこに着目して読むのかを判断することに向けて,作品の大体をとらえることが重要になるのである。すなわち「大体を捉える」のは,細かい部分を逐一確認しながら読んでいくと全体像がかえって見えにくいことから,作品全体を大づかみにとらえることを意味するのである。こうした趣旨を十分理解することが新しい学習指導要領を使いこなすために必要なこととなる。

❸単元構想の基礎となる,資質・能力の再ユニット化

新学習指導要領の特徴を踏まえると,授業構想に当たってもう一つ重要なポイントが挙げられる。それは,〔思考力,判断力,表現力等〕の各領域の指導を行う際に,当該領域の指導事項に加えて,関連の深い〔知識及び技能〕の事項を,有機的に関連させられるようにすることである。

例えば「A話すこと・聞くこと」について，平成10年版に遡ると，〔言語事項〕に示されていた「発音・発声」など，「話すこと・聞くこと」の指導に関連の深い事項を，20年版の改訂では，学習の過程を明確化する観点から，「A話すこと・聞くこと」の指導事項として示した。このことにより，「話すこと・聞くこと」のプロセスに係る能力が一通り「A話すこと・聞くこと」の指導事項として網羅されることとなっていた。そのため，「A話すこと・聞くこと」の指導事項と言語活動を見れば，「話すこと・聞くこと」の授業づくりがおよそできるようになっていたのである。これは「B書くこと」「C読むこと」についてもほぼ同様である。いわば，領域ごとに資質・能力がユニット化されていたと言えよう。

これに対して今回の改訂では，育成を目指す資質・能力を明確にする観点から各教科等とも「知識及び技能」と「思考力，判断力，表現力等」を分けて内容を示すことが試みられた。国語科では例えば，現行の「A話すこと・聞くこと」の低学年には，「イ　相手に応じて，話す事柄を順序立て，丁寧な言葉と普通の言葉との違いに気を付けて話すこと」が示されているが，改訂後は「丁寧な言葉と普通の言葉との違いに気を付けて」言葉を使うことは〔知識及び技能〕に，「話す事柄の順序」を考えることは〔思考力，判断力，表現力等〕の「A話すこと・聞くこと」の話すことにおける構成の検討及び考えの形成に分けて示されているのである。

そのため，新学習指導要領をより効果的に使いこなすためには，例えば「A話すこと・聞くこと」の単元を構想するに当たっては，「A話すこと・聞くこと」の指導事項のみならず，話すこと・聞くことに関連の深い〔知識及び技能〕の事項を十分視野に入れることが必須になる。つまり，いったん〔知識及び技能〕と〔思考力，判断力，表現力等〕に分けて整理した資質・能力を，各領域の指導の充実のために再ユニット化することが，年間を見通して資質・能力を調和的に育む授業づくりの重要なプロセスになるのである。

読むことであれば，授業のイメージを豊かに思い描くと，子供たち自身が自分の目的に応じて本や文章を選んで読み，それらを読んで考えを形成・表現し，互いの読みを共有するといった過程が浮かんでくることだろう。そのため，〔思考力，判断力，表現力等〕の「C読むこと」の指導事項に加えて〔知識及び技能〕の(1)「音読・朗読に関する事項」や(3)「読書に関する事項」なども常に念頭に置いて指導を構想することが重要になる。とりわけ，これからの社会を生きる子供たちにとって必要な読むことの資質・能力を育むためには，「読書に関する事項」を十分に生かすことが極めて有効なものとなる。

もっと具体的に言うと，「C読むこと」の領域の中には，現行の「目的に応じた読書に関する指導事項」に当たる，本や文章を選んで読むという指導事項が位置付けられていない。しかしこれに当たるものとして，〔知識及び技能〕(3)に「読書に関する事項」がある。こうした事項を組み合わせた単元構想が極めて重要になるのである。

中央教育審議会答申（平成28年12月）の別添資料２－３には，国語ワーキンググループが取りまとめた「国語科における学習過程のイメージ」が示されている。ここにも「読むこと」については，「学習目的の理解（見通し）」，「選書」，「構造と内容の把握」，「精査・解釈」，「考えの形成」，「他者の読むことへの評価，他者からの評価」，「自分の学習に対する考察（振り返り）」，「次の学習活動への活用」という一連の学習の過程が明示されている。つまり，「Ｃ読むこと」の指導事項だけでは見えにくい，「選書」といった重要なプロセスで働く資質・能力を「読書に関する事項」などによって顕在化させることが大切なのである。

例えば低学年では，「読書に関する事項」は，〔知識及び技能〕の(3)オとして「読書に親しみ，いろいろな本があることを知ること」が示されている。説明文の学習指導に当たって，説明文教材を目的なく段落ごとに読み取らせて終わりにするのではなく，図鑑や科学的な読み物などに多く触れる中で，本や文章によって興味を膨らませたり関心を高めたりして自分の世界を広げられるよさを実感する，そうした資質・能力を十分思い描いて授業構想することが重要になるのである。

また，これからの高度情報化社会を生きる子供たちにとっては，図鑑や事典などから情報を自ら得ていく検索の能力を身に付けることも非常に重要になる。新学習指導要領では，〔思考力，判断力，表現力等〕「Ｃ読むこと」の(2)に，各学年で学校図書館等を利活用して読むことの資質・能力を育むための言語活動を例示している。低学年では，「ウ　学校図書館などを利用し，図鑑や科学的なことについて書いた本などを読み，分かったことなどを説明する活動」が示されている。中学年以降で目的に応じて情報を検索して調べる学習を行うことができるようにするための基盤として，こうした言語活動を十分具体化することが望まれる。

❹「学びに向かう力，人間性等」の具体化

単元を構想する際にもう一つ忘れてはならないのが，教科目標及び学年目標にのみ示されている「学びに向かう力，人間性等」である。今回の改訂では，各教科等において育成を目指す資質・能力を「知識及び技能」，「思考力，判断力，表現力等」，「学びに向かう力，人間性等」の三つの柱によって整理することを試みている。国語科では前述のように，教科目標及び学年目標には三つの柱に対応した目標が示されているが，各学年の「２　内容」には，〔知識及び技能〕，〔思考力，判断力，表現力等〕の二つの柱に対応した内容のみが示されている。

そのため，単元において育成すべき資質・能力を明確にして授業を構想するためには，当該単元で取り上げて指導する〔知識及び技能〕と〔思考力，判断力，表現力等〕の指導事項等を明らかにすることに加えて，「学びに向かう力，人間性等」に係る資質・能力を具体的に設定することが重要になる。

例えば低学年の学年目標(3)には「言葉がもつよさを感じるとともに，楽しんで読書をし，国語を大切にして，思いや考えを伝え合おうとする態度を養う」ことが示されている。つまり国語科の「読むこと」の指導は，子供たちが「楽しんで読書をする」態度を養うことを目指すものとなる必要があり，こうしたことを具体的に目標として位置付けることが重要になる。

4　資質・能力を明確にした国語科の単元構想のステップと教材研究

これまでに述べてきたことを踏まえて，国語科の単元構想の基本的なステップを整理してみよう。概括的に言えば，当該領域に関連する資質・能力を再ユニット化し，その中から当該単元では〔思考力，判断力，表現力等〕のどの領域のどの指導事項を取り上げるか，その際〔知識及び技能〕のどの事項を組み合わせて単元の指導目標とするのか，さらには学年目標等を元に「学びに向かう力，人間性等」の目標をどう具体化するかを明らかにしていくこととなる。

その上で，それら当該単元で育成を目指す資質・能力をどんな言語活動を通して指導するかを明らかにすることとなる。

つまり，目の前の子供の実態や各学校のカリキュラムに応じて，〔知識及び技能〕と〔思考力，判断力，表現力等〕の中から当該単元で必要な指導事項等を取り上げ，目指す「学びに向かう力，人間性等」を具体化し，質の高い言語活動を位置付けて単元を構想する。その際，単元のねらいを適切に見定められるよう，おおむね領域ごとに指導事項と，関連の深い〔知識及び技能〕等を集約しておくことが，新学習指導要領をより使いこなしやすくするための準備として重要になる。これが指導事項等を再ユニット化することの意義である。

以下，より具体的なステップを検討していこう。

❶単元構想の基本ステップ

これまで述べてきたような，新学習指導要領を十二分に生かした単元の授業構想は，次のようなステップで進めることが考えられる。

ア　指導事項等の確認

・年間指導計画を基に，当該単元で取り上げて指導する〔知識及び技能〕，〔思考力，判断力，表現力等〕の指導事項等を確かめる。

・子供の実態を振り返り，再ユニット化した系統表を基に，取り上げる指導事項等に修正の必要があるかどうかを判断し，取り上げる指導事項等を確定する。

イ　言語活動の選定

・当該単元で指導する指導事項等を指導するのにふさわしい言語活動を選定したり設定したりする。

・言語活動を教師自身が行ってみたり，モデルを作成したりするなどして，設定した言語活動が指導のねらいを実現できるものとなっているかを確認する。

ウ　単元の指導目標と評価規準等の確定

・取り上げる指導事項等を基に，「学びに向かう力，人間性」に係る目標を含め，単元の指導目標を確定する。

・指導目標に準拠し，言語活動を踏まえて単元の評価規準を設定する。

エ　単元全体に，課題解決の過程となる言語活動を位置付けて，指導過程を構想する

- 指導目標に掲げた資質・能力を身に付けることに向けて，子供自身が課題意識を自覚し，見通しをもって学ぶことができるよう，単元の導入を工夫する。
- 単元の展開部（いわゆる第二次）では，各単位時間の学習が単元に位置付けた言語活動に結び付くものとなるように学習過程を構成し，子供たちがめあてに向かって必要な知識や技能を獲得したり，主体的に思考・判断・表現したりできるようにする。
- 単元のゴールでは，身に付けた言葉の力を発揮して課題を解決するとともに，何ができるようになったかを振り返ることができるようにする。
- 単元の指導計画における具体の評価規準を設定し，単元の指導目標を実現するものとなっているか，ずれはないかを確認し，指導過程を確定する。

オ　単位時間の指導過程を構想する

- 単元の指導計画と評価規準に基づき，単元の指導目標を具体化した本時の指導目標を設定する。
- 単元に位置付けた言語活動と密接に結び付き，本時の指導目標を実現するのにふさわしい本時のめあてを設定する。
- 指導のねらいと学習のめあてを実現する本時の学習活動を構想した上で，学習活動の一つ一つが，子供にとって目的や必要性を十分自覚できるものとなっているかを確認する。
- 一人一人の子供を念頭に置き，指導上の留意点等を具体化する。
- 本時において子供のどのような姿が実現できればよいのかを考えて評価を具体化する。

❷質の高い言語活動を実現する教材研究のポイント

「教材研究」というと，文章教材を詳細に分析するというイメージが強いかもしれない。しかし，「話すこと・聞くこと」や「書くこと」領域では，教材文だけを詳細に分析して終わりにしてしまうことはないだろう。本来「読むこと」も同様である。教材とは，単元等において資質・能力を育むための媒体となるものである。国語科においては言語活動そのものが資質・能力を育むための教材となる。ここでは，従来の狭い意味での教材研究にとどまらず，質の高い言語活動を実現するための教材研究のポイントを挙げることとしたい。

ア　当該単元で育成を目指す資質・能力の明確な把握

従来は活動が目的化して，どのような力が付いたのか不明確だといった状況も見られてきた。しかしこうした状況に陥るのは，言語活動を重視しているからではなく，付けたい力が不明確であることが要因である場合が極めて多い。言語活動なしに，「この教材をこう読み取らせる」といった観点からのみ指導しても，読むことを苦手にしている子供ほどやはり「読めない」状況は続いてしまうのである。当該単元で育成を目指す資質・能力を明確に把握することは，教材研究を含む授業構想の基点である。

イ　言語活動の主体である子供が経験してきた学習や言語活動の把握

言語活動の主体は子供である。ねらいや教材の側から見て適切な言語活動でも，子供の実態とかけ離れたものであっては，負担が大きくなるなどして効果を発揮できない。そこで，子供たちがこれまでに，どのような言語活動を経験してきたか，どのような学習を行ってきたかを十分把握する必要がある。

ウ　言語活動そのものの特徴分析

社会科や理科同様，国語科も教材研究の対象は，教科書に載っている文章だけではない。本来，当該単元で取り上げる言語活動の吟味なしには授業を構想することが極めて難しくなる。「書くこと」で考えてみると，「作文を書く」といった把握にとどまらず，例えば「観察したことを記録する文章（観察記録文）を書く」などと言語活動を明確にすることが必要である。さらには，指導する内容が，「対象物を静的に詳しく観察して描写すること」であれば，植物などに関する観察記録文を書くこととなるだろうし，「変化や動きを描写すること」を指導したいなら，日頃飼育している動物を対象にしたり，一回の観察だけでなく継続的に観察記録を付けたりすることが考えられる。「読むこと」において，「いつもリーフレットで本を紹介する言語活動だけになってしまう」などと悩む場合があるが，リーフレット一つとっても，指導のねらいに応じてその構造は千差万別になる。指導のねらいと言語活動の特徴を吟味することで多彩な言語活動を構想することができるのである。

エ　教科書教材に対する，指導のねらいを観点とした分析

例えば小学校５年生の教材として教科書に掲載されている「注文の多い料理店」が，高校国語総合の教科書にも掲載されている事例がある。当然，同じ作品を扱う場合も両者ではねらいが異なり，指導の在り方も異なる。つまり，指導のねらいの把握なしに「この教材ではこれを教える」などと固定的にとらえることはできないのである。

読者として純粋に教材を読んだり分析したりするのみならず，授業者としてどの指導事項を指導するのか，言語活動とどう結び付けるのかなどを念頭に置きながら，教材をどのように生かすかを考える必要がある。

オ　並行読書材の選定

文学研究においてある作品を取り上げる場合，比較対照するために他の作品を取り上げることが当然であるように，国語科の教材研究においても，教科書教材と関連する作品をどのように選定するかは極めて重要な教材研究内容である。近年，その実践の蓄積はめざましい。こうした教材研究は一層指導の効果を高めることにつながる。

（水戸部　修治）

Chapter 2

新学習指導要領・国語を使いこなす再ユニット化マトリックスと単元計画シート

再ユニット化のためのマトリックス

1　マトリックス作成の基本的な考え方

Chapter 1で述べてきたように，新学習指導要領を使いこなす上で，再ユニット化は重要な手続きになる。ここでは，各学校等における小学校国語科の授業改善に資するものとなるよう，次のような観点から，再ユニット化のためのマトリックスを提案することとする。

❶単元で指導する指導事項等を確認するために用いる

単元構想の基点となる指導のねらいの確定に当たっては，Chapter 1❸4の「❶単元構想の基本ステップ」で述べたように，年間指導計画に基づき，学習指導要領の当該学年の〔知識及び技能〕，〔思考力，判断力，表現力等〕の内容全体を見通すことが本筋である。しかし，より日常的に学習指導要領を踏まえた授業改善を推進しやすいよう，学習指導の実態に基づき，領域ごとに関連が深い内容をまとめたものが以下に示す表である。従って，特に関連の深い〔知識及び技能〕の欄は，固定的に考えず，適宜入れ替えたり追加したりすることが考えられる。

なお「学びに向かう力，人間性等」に関する指導目標は，各学校等において単元ごとに具体化する必要があることから，学年目標も記載している。

❷領域ごとに作成する

〔思考力，判断力，表現力等〕の「A話すこと・聞くこと」，「B書くこと」，「C読むこと」それぞれに，関連が深いと考えられる〔知識及び技能〕の事項を添えて作成した。そのため，同一の事項が複数の領域で取り上げられている場合もある。なお，〔知識及び技能〕の事項は３領域のいずれかに入るようにし，３領域ですべての事項を網羅できるようにしている。複数の領域の内容を有機的に組み合わせて構成する複合単元の場合は，双方の領域のマトリックスを参照してどの指導事項等を取り上げて指導するかを確認するとよい。

❸課題解決の過程となるよう指導事項等を再構成する

３領域の指導事項は，学習過程の明確化を目指しているが，Chapter 1❸3で述べたように，「C読むこと」については，他領域にある「話題の設定」や「題材の設定」といった学ぶ目的を明確にするプロセスが明示的ではない。そこで〔知識及び技能〕の「読書」に関する事項がそれに代わる重要な役割を担う。そのため，「C読むこと」では，マトリックスの指導事項等の最上段に，「読書」に関する事項を特出しして置き，課題解決の過程を構築しやすいように再構成した。

2　再ユニット化のためのマトリックスの活用と形式例

❶当該単元で取り上げる指導事項等の重点化

pp.29～31に示すマトリックス（資料１～資料３）は，各領域の指導事項に，関連すると考えられる〔知識及び技能〕の事項を組み合わせたものである。これらを年間あるいは２学年間のスパンでバランスよく指導することが求められる。そのため，年間指導計画を見通した上で，当該単元で取り上げる該当領域の指導事項及び〔知識及び技能〕の事項を明確に把握することが大切になる。なお，複数領域を組み合わせて指導する複合単元の場合は，複数のマトリックスの指導事項等を見通して，当該単元で育成する資質・能力を明確に把握することが求められる。

❷言語活動の構想

当該単元で指導する指導事項及び〔知識及び技能〕の事項が確定したら，その指導事項等を指導するために機能する質の高い言語活動を位置付けることが必要である。前述のような視点から教材研究を十分に行い，目の前の子供たちの実態に応じた言語活動を適切に位置付けることが大切になる。

授業づくりに向けた単元計画シートの活用と形式例

1　日々の授業改善を支える単元計画シートの活用

授業改善をより日常的に行うための手立てとして，pp.32～34に例示するような単元計画シート（資料４，資料５）の活用が考えられる。形式や呼称は様々であるが，近年研究校や授業改善に取り組む地域などで活用されている。

2　単元計画シートの具体的形式例

pp.32～33に例示する単元計画シート（資料４）は，当該単元で取り上げて指導する〔知識及び技能〕，〔思考力，判断力，表現力等〕の指導事項等を明確にした上で，そのねらいを実現するための言語活動とその特徴について，(1)どのような言語活動か，(2)どのような特徴をもつ言語活動か，(3)指導目標とどう結び付くかを明らかにするものとなっている。単元の指導計画と単位時間（本時）の指導計画には，学習のめあてとなる学習課題を記載する形を取っている。単元に位置付ける言語活動が単元の指導計画における学習課題となるが，各単位時間の学習課題を設定する際は，その言語活動と密接に結び付くようにすることがポイントである。項目の１～５までは単元構想時に，項目６は各単位時間の授業構想時に活用することが考えられる。

なお，より日常的な授業改善を進めるために，さらに簡略化したものがp.34に例示した資料５である。

単元計画シート記入例

小学校国語科単元計画シート

1　単元名（教材名，並行読書材等）
きつねのおきゃくさま　他，繰り返しが楽しい絵本

2　当該単元で指導する主な指導事項等

		主な指導事項等（記号）
〔知識及び技能〕		3エ（読書）
〔思考力，判断力，表現力等〕	A話すこと・聞くこと	
	B書くこと	
	C読むこと	イ（構造と内容の把握，文学），オ（考えの形成）

3　言語活動とその特徴

⑴どのような言語活動か
　お話ポケットに読んだお話をたくさん集めてお気に入りを紹介する。
⑵どのような特徴をもつ言語活動か
　読んだお話のあらすじと，好きなところやそのわけ，感想などをカードに書き，好きなお話を増やしたり，それを紹介し合ったりする。
⑶指導目標とどう結び付くか
　「だれが」「どうして」「どうなった」お話かをあらすじにまとめることを繰り返すことでCイの「内容の大体を捉えること」を確実に実現できる。また，自分の体験や読書体験と結び付け，読んだ感想などを繰り返しカードに書きまとめることでCオの「文章の内容と自分の体験とを結び付けて感想をもつこと」を確実に実現できる。さらに好きな本をたくさん読むことで，〔知識及び技能〕⑶エ「読書に親し」むことの実現につながる。

4　単元の指導目標

○お話をたくさん読み，お気に入りの物語を選ぶなどして読書に親しむことができる。（知・技⑶エ）
○物語を読んであらすじや感想をまとめることができる。（Cイ，オ）
○進んで読書をしたり，感想を述べたりしようとすることができる。（学びに向かう力等）

5　単元の指導計画の概要（6時間扱い）

学習課題　お話ポケットに読んだお話をたくさん集めよう。

導　入（1）	展　開（4）	発　展（1）
・読み聞かせをする。 ・お話ポケットのカードのつくりを確かめる。 ・いろいろな絵本を読み始める。	・「きつねのおきゃくさま」について，「だれが」「どうして」「どうなった」お話かが分かるところを見付けてあらすじをまとめ，感想を添えてカードに書き，お話ポケットに入れる。 ・「だれが」「どうして」「どうなった」かが分かる挿絵に付箋を貼りながら，物語をたくさん読む。（本時） ・読んだお話について，あらすじと好きなところやそのわけ，感想をまとめてカードに書き溜める。	・お話ポケットからお気に入りの物語を選び，絵本を開きながらあらすじや好きなところを紹介し，好きなわけや感想を述べ合う。

6　本時の指導計画の概要（4／6）

学習課題　大好きなお話を選ぶために，どんなお話かを確かめながら，いろいろなお話を読もう。

導　入	展　開	まとめ
・お話ポケットに，読んだお話をたくさん集めてその中からお気に入りの一冊を紹介するというゴールを確かめる。 ・前時の振り返りをする。	・お話をたくさん読んで，紹介したいお気に入りの一冊を決めるために，物語の「だれが」「どうして」「どうなった」かが分かる挿絵や文章に付箋を貼る。 ・付箋を手がかりに口頭であらすじを説明する。 ・あらすじと読んだ感想をカードに書く。 ・他の物語も同様に読み進める。	・カードを読み返してどんなお話だったかを振り返ったり，友達と紹介し合ったりする。

＊ pp.29～34の 資料1 ～ 資料5 のデータは，以下の専用URLからダウンロードできます。
・URL　http://meijitosho.co.jp/299116#supportinfo
・ユーザー名　299116
・パスワード　hqlapg12

（水戸部　修治）

資料1 再ユニット化マトリックス「A話すこと・聞くこと」編

学年			小学校 第1・2学年	小学校 第3・4学年	小学校 第5・6学年
学年目標		知識及び技能	(1) 日常生活に必要な国語の知識や技能を身に付けるとともに，我が国の言語文化に親しんだり理解したりすることができるようにする。	(1) 日常生活に必要な国語の知識や技能を身に付けるとともに，我が国の言語文化に親しんだり理解したりすることができるようにする。	(1) 日常生活に必要な国語の知識や技能を身に付けるとともに，我が国の言語文化に親しんだり理解したりすることができるようにする。
		思考力，判断力，表現力等	(2) 順序立てて考える力や感じたり想像したりする力を養い，日常生活における人との関わりの中で伝え合う力を高め，自分の思いや考えをもつことができるようにする。	(2) 筋道立てて考える力や豊かに感じたり想像したりする力を養い，日常生活における人との関わりの中で伝え合う力を高め，自分の思いや考えをまとめることができるようにする。	(2) 筋道立てて考える力や豊かに感じたり想像したりする力を養い，日常生活における人との関わりの中で伝え合う力を高め，自分の思いや考えを広げることができるようにする。
		学びに向かう力，人間性等	(3) 言葉がもつよさを感じるとともに，楽しんで読書をし，国語を大切にして，思いや考えを伝え合おうとする態度を養う。	(3) 言葉がもつよさに気付くとともに，幅広く読書をし，国語を大切にして，思いや考えを伝え合おうとする態度を養う。	(3) 言葉がもつよさを認識するとともに，進んで読書をし，国語の大切さを自覚して，思いや考えを伝え合おうとする態度を養う。
〔思考力，判断力，表現力等〕	A 話すこと・聞くこと		(1) 話すこと・聞くことに関する次の事項を身に付けることができるよう指導する。		
		話す：話題の設定 情報の収集 内容の検討	ア 身近なことや経験したことなどから話題を決め，伝え合うために必要な事柄を選ぶこと。	ア 目的を意識して，日常生活の中から話題を決め，集めた材料を比較したり分類したりして，伝え合うために必要な事柄を選ぶこと。	ア 目的や意図に応じて，日常生活の中から話題を決め，集めた材料を分類したり関係付けたりして，伝え合う内容を検討すること。
		構成の検討 考えの形成	イ 相手に伝わるように，行動したことや経験したことに基づいて，話す事柄の順序を考えること。	イ 相手に伝わるように理由や事例などを挙げながら，話の中心が明確になるよう話の構成を考えること。	イ 話の内容が明確になるように，事実と感想，意見とを区別するなど，話の構成を考えること。
		表現 共有	ウ 伝えたい事柄や相手に応じて，声の大きさや速さなどを工夫すること。	ウ 話の中心や話す場面を意識して，言葉の抑揚や強弱，間の取り方などを工夫すること。	ウ 資料を活用するなどして，自分の考えが伝わるように表現を工夫すること。
		聞く：話題の設定（再掲） 情報の収集（再掲）	【再掲】 ア 身近なことや経験したことなどから話題を決め，伝え合うために必要な事柄を選ぶこと。	【再掲】 ア 目的を意識して，日常生活の中から話題を決め，集めた材料を比較したり分類したりして，伝え合うために必要な事柄を選ぶこと。	【再掲】 ア 目的や意図に応じて，日常生活の中から話題を決め，集めた材料を分類したり関係付けたりして，伝え合う内容を検討すること。
		構造と内容の把握 精査・解釈 考えの形成 共有	エ 話し手が知らせたいことや自分が聞きたいことを落とさないように集中して聞き，話の内容を捉えて感想をもつこと。	エ 必要なことを記録したり質問したりしながら聞き，話し手が伝えたいことや自分が聞きたいことの中心を捉え，自分の考えをもつこと。	エ 話し手の目的や自分が聞こうとする意図に応じて，話の内容を捉え，話し手の考えと比較しながら，自分の考えをまとめること。
		話し合う：話題の設定（再掲） 情報の収集（再掲） 内容の検討（再掲）	【再掲】 ア 身近なことや経験したことなどから話題を決め，伝え合うために必要な事柄を選ぶこと。	【再掲】 ア 目的を意識して，日常生活の中から話題を決め，集めた材料を比較したり分類したりして，伝え合うために必要な事柄を選ぶこと。	【再掲】 ア 目的や意図に応じて，日常生活の中から話題を決め，集めた材料を分類したり関係付けたりして，伝え合う内容を検討すること。
		話合いの進め方の検討 考えの形成 共有	オ 互いの話に関心をもち，相手の発言を受けて話をつなぐこと。	オ 目的や進め方を確認し，司会などの役割を果たしながら話し合い，互いの意見の共通点や相違点に着目して，考えをまとめること。	オ 互いの立場や意図を明確にしながら計画的に話し合い，考えを広げたりまとめたりすること。
〔知識及び技能〕	(1)	言葉の働き	ア 言葉には，事物の内容を表す働きや，経験したことを伝える働きがあることに気付くこと。	ア 言葉には，考えたことや思ったことを表す働きがあることに気付くこと。	ア 言葉には，相手とのつながりをつくる働きがあることに気付くこと。
		話し言葉	イ 音節と文字との関係，アクセントによる語の意味の違いなどに気付くとともに，姿勢や口形，発声や発音に注意して話すこと。	イ 相手を見て話したり聞いたりするとともに，言葉の抑揚や強弱，間の取り方などに注意して話すこと。	イ 話し言葉と書き言葉との違いに気付くこと
		語彙	オ 身近なことを表す語句の量を増し，話や文章の中で使うとともに，言葉には意味による語句のまとまりがあることに気付き，語彙を豊かにすること。	オ 様子や行動，気持ちや性格を表す語句の量を増し，話や文章の中で使うとともに，言葉には性質や役割による語句のまとまりがあることを理解し，語彙を豊かにすること。	オ 思考に関わる語句の量を増し，話や文章の中で使うとともに，語句と語句との関係，語句の構成や変化について理解し，語彙を豊かにすること。また，語感や言葉の使い方に対する感覚を意識して，語や語句を使うこと。
		文や文章	カ 文の中における主語と述語との関係に気付くこと。	カ 主語と述語との関係，修飾と被修飾との関係，指示する語句と接続する語句の役割，段落の役割について理解すること。	カ 文の中での語句の係り方や語順，文と文との接続の関係，話や文章の構成や展開，話や文章の種類とその特徴について理解すること。
		言葉遣い	キ 丁寧な言葉と普通の言葉との違いに気を付けて使うとともに，敬体で書かれた文章に慣れること。	キ 丁寧な言葉を使うとともに，敬体と常体との違いに注意しながら書くこと。	キ 日常よく使われる敬語を理解し使い慣れること。
	(2)	情報と情報との関係	ア 共通，相違，事柄の順序など情報と情報との関係について理解すること。	ア 考えとそれを支える理由や事例，全体と中心など情報と情報との関係について理解すること。	ア 原因と結果など情報と情報との関係について理解すること。
		情報の整理		イ 比較や分類の仕方，必要な語句などの書き留め方，引用の仕方や出典の示し方，辞書や事典の使い方を理解し使うこと。	イ 情報と情報との関係付けの仕方，図などによる語句と語句との関係の表し方を理解し使うこと。
	(3)	伝統的な言語文化	ア 昔話や神話・伝承などの読み聞かせを聞くなどして，我が国の伝統的な言語文化に親しむこと。 イ 長く親しまれている言葉遊びを通して，言葉の豊かさに気付くこと。	ア 易しい文語調の短歌や俳句を音読したり暗唱したりするなどして，言葉の響きやリズムに親しむこと。 イ 長い間使われてきたことわざや慣用句，故事成語などの意味を知り，使うこと。	ア 親しみやすい古文や漢文，近代以降の文語調の文章を音読するなどして，言葉の響きやリズムに親しむこと。 イ 古典について解説した文章を読んだり作品の内容の大体を知ったりすることを通して，昔の人のものの見方や感じ方を知ること。
言語活動例			(2) (1)に示す事項については，例えば，次のような言語活動を通して指導するものとする。		
			ア 紹介や説明，報告など伝えたいことを話したり，それらを聞いて声に出して確かめたり感想を述べたりする活動。	ア 説明や報告など調べたことを話したり，それらを聞いたりする活動。 イ 質問するなどして情報を集めたり，それらを発表したりする活動。	ア 意見や提案など自分の考えを話したり，それらを聞いたりする活動。 イ インタビューなどをして必要な情報を集めたり，それらを発表したりする活動。
			イ 尋ねたり応答したりするなどして，少人数で話し合う活動。	ウ 互いの考えを伝えるなどして，グループや学級全体で話し合う活動。	ウ それぞれの立場から考えを伝えるなどして話し合う活動。

資料2　再ユニット化マトリックス「B書くこと」編

学年			小学校 第1・2学年	小学校 第3・4学年	小学校 第5・6学年
学年目標		知識及び技能	(1) 日常生活に必要な国語の知識や技能を身に付けるとともに，我が国の言語文化に親しんだり理解したりすることができるようにする。	(1) 日常生活に必要な国語の知識や技能を身に付けるとともに，我が国の言語文化に親しんだり理解したりすることができるようにする。	(1) 日常生活に必要な国語の知識や技能を身に付けるとともに，我が国の言語文化に親しんだり理解したりすることができるようにする。
		思考力，判断力，表現力等	(2) 順序立てて考える力や感じたり想像したりする力を養い，日常生活における人との関わりの中で伝え合う力を高め，自分の思いや考えをもつことができるようにする。	(2) 筋道立てて考える力や豊かに感じたり想像したりする力を養い，日常生活における人との関わりの中で伝え合う力を高め，自分の思いや考えをまとめることができるようにする。	(2) 筋道立てて考える力や豊かに感じたり想像したりする力を養い，日常生活における人との関わりの中で伝え合う力を高め，自分の思いや考えを広げることができるようにする。
		学びに向かう力，人間性等	(3) 言葉がもつよさを感じるとともに，楽しんで読書をし，国語を大切にして，思いや考えを伝え合おうとする態度を養う。	(3) 言葉がもつよさに気付くとともに，幅広く読書をし，国語を大切にして，思いや考えを伝え合おうとする態度を養う。	(3) 言葉がもつよさを認識するとともに，進んで読書をし，国語の大切さを自覚して，思いや考えを伝え合おうとする態度を養う。
〔思考力、判断力、表現力等〕	B 書くこと	題材の設定 情報の収集 内容の検討	ア 経験したことや想像したことなどから書くことを見付け，必要な事柄を集めたり確かめたりして，伝えたいことを明確にすること。	ア 相手や目的を意識して，経験したことや想像したことなどから書くことを選び，集めた材料を比較したり分類したりして，伝えたいことを明確にすること。	ア 目的や意図に応じて，感じたことや考えたことなどから書くことを選び，集めた材料を分類したり関係付けたりして，伝えたいことを明確にすること。
		構成の検討	イ 自分の思いや考えが明確になるように，事柄の順序に沿って簡単な構成を考えること。	イ 書く内容の中心を明確にし，内容のまとまりで段落をつくったり，段落相互の関係に注意したりして，文章の構成を考えること。	イ 筋道の通った文章となるように，文章全体の構成や展開を考えること。
		考えの形成	ウ 語と語や文と文との続き方に注意しながら，内容のまとまりが分かるように書き表し方を工夫すること。	ウ 自分の考えとそれを支える理由や事例との関係を明確にして，書き表し方を工夫すること。	ウ 目的や意図に応じて簡単に書いたり詳しく書いたりするとともに，事実と感想，意見とを区別して書いたりするなど，自分の考えが伝わるように書き表し方を工夫すること。
		記述			エ 引用したり，図表やグラフなどを用いたりして，自分の考えが伝わるように書き表し方を工夫すること。
		推敲	エ 文章を読み返す習慣を付けるとともに，間違いを正したり，語と語や文と文との続き方を確かめたりすること。	エ 間違いを正したり，相手や目的を意識した表現になっているかを確かめたりして，文や文章を整えること。	オ 文章全体の構成や書き表し方などに着目して，文や文章を整えること。
		共有	オ 文章に対する感想を伝え合い，自分の文章の内容や表現のよいところを見付けること。	オ 書こうとしたことが明確になっているかなど，文章に対する感想や意見を伝え合い，自分の文章のよいところを見付けること。	カ 文章全体の構成や展開が明確になっているかなど，文章に対する感想や意見を伝え合い，自分の文章のよいところを見付けること。
〔知識及び技能〕	(1)	言葉の働き	ア 言葉には，事物の内容を表す働きや，経験したことを伝える働きがあることに気付くこと。	ア 言葉には，考えたことや思ったことを表す働きがあることに気付くこと。	ア 言葉には，相手とのつながりをつくる働きがあることに気付くこと。
		書き言葉	ウ 長音，拗音，促音，撥音などの表記，助詞の「は」，「へ」及び「を」の使い方，句読点の打ち方，かぎ（「　」）の使い方を理解して文や文章の中で使うこと。また，平仮名及び片仮名を読み，書くとともに，片仮名で書く語の種類を知り，文や文章の中で使うこと。	ウ 漢字と仮名を用いた表記，送り仮名の付け方，改行の仕方を理解して文や文章の中で使うとともに，句読点を適切に打つこと。また，第3学年においては，日常使われている簡単な単語について，ローマ字で表記されたものを読み，ローマ字で書くこと。	ウ 文や文章の中で漢字と仮名を適切に使い分けるとともに，送り仮名や仮名遣いに注意して正しく書くこと。
		漢字	エ 第1学年においては，別表の学年別漢字配当表（以下「学年別漢字配当表」という。）の第1学年に配当されている漢字を読み，漸次書き，文や文章の中で使うこと。第2学年においては，学年別漢字配当表の第2学年までに配当されている漢字を読むこと。また，第1学年に配当されている漢字を書き，文や文章の中で使うとともに，第2学年に配当されている漢字を漸次書き，文や文章の中で使うこと。	エ 第3学年及び第4学年の各学年においては，学年別漢字配当表の当該学年までに配当されている漢字を読むこと。また，当該学年の前の学年までに配当されている漢字を書き，文や文章の中で使うとともに，当該学年に配当されている漢字を漸次書き，文や文章の中で使うこと。	エ 第5学年及び第6学年の各学年においては，学年別漢字配当表の当該学年までに配当されている漢字を読むこと。また，当該学年の前の学年までに配当されている漢字を書き，文や文章の中で使うとともに，当該学年に配当されている漢字を漸次書き，文や文章の中で使うこと。
		語彙	オ 身近なことを表す語句の量を増し，話や文章の中で使うとともに，言葉には意味による語句のまとまりがあることに気付き，語彙を豊かにすること。	オ 様子や行動，気持ちや性格を表す語句の量を増し，話や文章の中で使うとともに，言葉には性質や役割による語句のまとまりがあることを理解し，語彙を豊かにすること。	オ 思考に関わる語句の量を増し，話や文章の中で使うとともに，語句と語句との関係，語句の構成や変化について理解し，語彙を豊かにすること。また，語感や言葉の使い方に対する感覚を意識して，語や語句を使うこと。
		文や文章	カ 文の中における主語と述語との関係に気付くこと。	カ 主語と述語との関係，修飾と被修飾との関係，指示する語句と接続する語句の役割，段落の役割について理解すること。	カ 文の中での語句の係り方や語順，文と文との接続の関係，話や文章の構成や展開，話や文章の種類とその特徴について理解すること。
		表現の技法	ア 共通，相違，事柄の順序など情報と情報との関係について理解すること。	ア 考えとそれを支える理由や事例，全体と中心など情報と情報との関係について理解すること。	ア 原因と結果など情報と情報との関係について理解すること。
	(2)	情報と情報との関係		イ 比較や分類の仕方，必要な語句などの書き留め方，引用の仕方や出典の示し方，辞書や事典の使い方を理解し使うこと。	イ 情報と情報との関係付けの仕方，図などによる語句と語句との関係の表し方を理解し使うこと。
		情報の整理	ア 昔話や神話・伝承などの読み聞かせを聞くなどして，我が国の伝統的な言語文化に親しむこと。	ア 易しい文語調の短歌や俳句を音読したり暗唱したりするなどして，言葉の響きやリズムに親しむこと。	ア 親しみやすい古文や漢文，近代以降の文語調の文章を音読するなどして，言葉の響きやリズムに親しむこと。
	(3)	伝統的な言語文化	イ 長く親しまれている言葉遊びを通して，言葉の豊かさに気付くこと。	イ 長い間使われてきたことわざや慣用句，故事成語などの意味を知り，使うこと。	イ 古典について解説した文章を読んだり作品の内容の大体を知ったりすることを通して，昔の人のものの見方や感じ方を知ること。
		言葉の由来や変化		ウ 漢字が，へんやつくりなどから構成されていることについて理解すること。	ウ 語句の由来などに関心をもつとともに，時間の経過による言葉の変化や世代による言葉の違いに気付き，共通語と方言との違いを理解すること。また，仮名及び漢字の由来，特質などについて理解すること。
		書写	ウ 書写に関する次の事項を理解し使うこと。 (ア) 姿勢や筆記具の持ち方を正しくして書くこと。 (イ) 点画の書き方や文字の形に注意しながら，筆順に従って丁寧に書くこと。 (ウ) 点画相互の接し方や交わり方，長短や方向などに注意して，文字を正しく書くこと。	エ 書写に関する次の事項を理解し使うこと。 (ア) 文字の組立て方を理解し，形を整えて書くこと。 (イ) 漢字や仮名の大きさ，配列に注意して書くこと。 (ウ) 毛筆を使用して点画の書き方への理解を深め，筆圧などに注意して書くこと。	エ 書写に関する次の事項を理解し使うこと。 (ア) 用紙全体との関係に注意して，文字の大きさや配列などを決めるとともに，書く速さを意識して書くこと。 (イ) 毛筆を使用して，穂先の動きと点画のつながりを意識して書くこと。 (ウ) 目的に応じて使用する筆記具を選び，その特徴を生かして書くこと。
言語活動例			ア 事物の仕組みを説明した文章などを読み，分かったことや考えたことを述べる活動。	ア 記録や報告などの文章を読み，文章の一部を引用して，分かったことや考えたことを説明したり，意見を述べたりする活動。	ア 説明や解説などの文章を比較するなどして読み，分かったことや考えたことを，話し合ったり文章にまとめたりする活動。
			イ 読み聞かせを聞いたり物語などを読んだりして，内容や感想などを伝え合ったり，演じたりする活動。	イ 詩や物語などを読み，内容を説明したり，考えたことなどを伝え合ったりする活動。	イ 詩や物語，伝記などを読み，内容を説明したり，自分の生き方などについて考えたことを伝え合ったりする活動。
			ウ 学校図書館などを利用し，図鑑や科学的なことについて書いた本などを読み，分かったことなどを説明する活動。	ウ 学校図書館などを利用し，事典や図鑑などから情報を得て，分かったことなどをまとめて説明する活動。	ウ 学校図書館などを利用し，複数の本や新聞などを活用して，調べたり考えたりしたことを報告する活動。

資料3　再ユニット化マトリックス「C読むこと」編

学年			小学校 第1・2学年	小学校 第3・4学年	小学校 第5・6学年
学年目標		知識及び技能	(1) 日常生活に必要な国語の知識や技能を身に付けるとともに，我が国の言語文化に親しんだり理解したりすることができるようにする。	(1) 日常生活に必要な国語の知識や技能を身に付けるとともに，我が国の言語文化に親しんだり理解したりすることができるようにする。	(1) 日常生活に必要な国語の知識や技能を身に付けるとともに，我が国の言語文化に親しんだり理解したりすることができるようにする。
		思考力，判断力，表現力等	(2) 順序立てて考える力や感じたり想像したりする力を養い，日常生活における人との関わりの中で伝え合う力を高め，自分の思いや考えをもつことができるようにする。	(2) 筋道立てて考える力や豊かに感じたり想像したりする力を養い，日常生活における人との関わりの中で伝え合う力を高め，自分の思いや考えをまとめることができるようにする。	(2) 筋道立てて考える力や豊かに感じたり想像したりする力を養い，日常生活における人との関わりの中で伝え合う力を高め，自分の思いや考えを広げることができるようにする。
		学びに向かう力，人間性等	(3) 言葉がもつよさを感じるとともに，楽しんで読書をし，国語を大切にして，思いや考えを伝え合おうとする態度を養う。	(3) 言葉がもつよさに気付くとともに，幅広く読書をし，国語を大切にして，思いや考えを伝え合おうとする態度を養う。	(3) 言葉がもつよさを認識するとともに，進んで読書をし，国語の大切さを自覚して，思いや考えを伝え合おうとする態度を養う。
〔知識及び技能〕	(3)	読書	エ 読書に親しみ，いろいろな本があることを知ること。	オ 幅広く読書に親しみ，読書が，必要な知識や情報を得ることに役立つことに気付くこと。	オ 日常的に読書に親しみ，読書が，自分の考えを広げることに役立つことに気付くこと。
〔思考力，判断力，表現力等〕	C 読むこと	構造と内容の把握	ア 時間的な順序や事柄の順序などを考えながら，内容の大体を捉えること。 イ 場面の様子や登場人物の行動など，内容の大体を捉えること。	ア 段落相互の関係に着目しながら，考えとそれを支える理由や事例との関係などについて，叙述を基に捉えること。 イ 登場人物の行動や気持ちなどについて，叙述を基に捉えること。	ア 事実と感想，意見などとの関係を叙述を基に押さえ，文章全体の構成を捉えて要旨を把握すること。 イ 登場人物の相互関係や心情などについて，描写を基に捉えること。
		精査・解釈	ウ 文章の中の重要な語や文を考えて選び出すこと。 エ 場面の様子に着目して，登場人物の行動を具体的に想像すること。	ウ 目的を意識して，中心となる語や文を見付けて要約すること。 エ 登場人物の気持ちの変化や性格，情景について，場面の移り変わりと結び付けて具体的に想像すること。	ウ 目的に応じて，文章と図表などを結び付けるなどして必要な情報を見付けたり，論の進め方について考えたりすること。 エ 人物像や物語などの全体像を具体的に想像したり，表現の効果を考えたりすること。
		考えの形成	オ 文章の内容と自分の体験とを結び付けて，感想をもつこと。	オ 文章を読んで理解したことに基づいて，感想や考えをもつこと。	オ 文章を読んで理解したことに基づいて，自分の考えをまとめること。
		共有	カ 文章を読んで感じたことや分かったことを共有すること。	カ 文章を読んで感じたことや考えたことを共有し，一人一人の感じ方などに違いがあることに気付くこと。	カ 文章を読んでまとめた意見や感想を共有し，自分の考えを広げること。
〔知識及び技能〕	(1)	言葉の働き	ア 言葉には，事物の内容を表す働きや，経験したことを伝える働きがあることに気付くこと。	ア 言葉には，考えたことや思ったことを表す働きがあることに気付くこと。	ア 言葉には，相手とのつながりをつくる働きがあることに気付くこと。
		語彙	オ 身近なことを表す語句の量を増し，話や文章の中で使うとともに，言葉には意味による語句のまとまりがあることに気付き，語彙を豊かにすること。	オ 様子や行動，気持ちや性格を表す語句の量を増し，話や文章の中で使うとともに，言葉には性質や役割による語句のまとまりがあることを理解し，語彙を豊かにすること。	オ 思考に関わる語句の量を増し，話や文章の中で使うとともに，語句と語句との関係，語句の構成や変化について理解し，語彙を豊かにすること。また，語感や言葉の使い方に対する感覚を意識して，語や語句を使うこと。
		表現の技法			ク 比喩や反復などの表現の工夫に気付くこと。
		音読，朗読	ク 語のまとまりや言葉の響きなどに気を付けて音読すること。	ク 文章全体の構成や内容の大体を意識しながら音読すること。	ケ 文章を音読したり朗読したりすること。
	(2)	情報と情報との関係	ア 共通，相違，事柄の順序など情報と情報との関係について理解すること。	ア 考えとそれを支える理由や事例，全体と中心など情報と情報との関係について理解すること。	ア 原因と結果など情報と情報との関係について理解すること。
		情報の整理		イ 比較や分類の仕方，必要な語句などの書き留め方，引用の仕方や出典の示し方，辞書や事典の使い方を理解し使うこと。	イ 情報と情報との関係付けの仕方，図などによる語句と語句との関係の表し方を理解し使うこと。
	(3)	伝統的な言語文化	ア 昔話や神話・伝承などの読み聞かせを聞くなどして，我が国の伝統的な言語文化に親しむこと。 イ 長く親しまれている言葉遊びを通して，言葉の豊かさに気付くこと。	ア 易しい文語調の短歌や俳句を音読したり暗唱したりするなどして，言葉の響きやリズムに親しむこと。 イ 長い間使われてきたことわざや慣用句，故事成語などの意味を知り，使うこと。	ア 親しみやすい古文や漢文，近代以降の文語調の文章を音読するなどして，言葉の響きやリズムに親しむこと。 イ 古典について解説した文章を読んだり作品の内容の大体を知ったりすることを通して，昔の人のものの見方や感じ方を知ること。
言語活動例			ア 事物の仕組みを説明した文章などを読み，分かったことや考えたことを述べる活動。	ア 記録や報告などの文章を読み，文章の一部を引用して，分かったことや考えたことを説明したり，意見を述べたりする活動。	ア 説明や解説などの文章を比較するなどして読み，分かったことや考えたことを，話し合ったり文章にまとめたりする活動。
			イ 読み聞かせを聞いたり物語などを読んだりして，内容や感想などを伝え合ったり，演じたりする活動。	イ 詩や物語などを読み，内容を説明したり，考えたことなどを伝え合ったりする活動。	イ 詩や物語，伝記などを読み，内容を説明したり，自分の生き方などについて考えたことを伝え合ったりする活動。
			ウ 学校図書館などを利用し，図鑑や科学的なことについて書いた本などを読み，分かったことなどを説明する活動。	ウ 学校図書館などを利用し，事典や図鑑などから情報を得て，分かったことなどをまとめて説明する活動。	ウ 学校図書館などを利用し，複数の本や新聞などを活用して，調べたり考えたりしたことを報告する活動。

資料4　小学校国語科単元計画シート

小学校国語科単元計画シート

1　単元名（教材名，並行読書材等）

2　当該単元で指導する主な指導事項等

<table>
<tr><td colspan="2"></td><td>主な指導事項等（記号）</td></tr>
<tr><td colspan="2">〔知識及び技能〕</td><td></td></tr>
<tr><td rowspan="3">〔思考力，判断力，表現力等〕</td><td>A話すこと・聞くこと</td><td></td></tr>
<tr><td>B書くこと</td><td></td></tr>
<tr><td>C読むこと</td><td></td></tr>
</table>

3　言語活動とその特徴

(1)どのような言語活動か

(2)どのような特徴をもつ言語活動か

(3)指導目標とどう結び付くか

4　単元の指導目標

5　単元の指導計画の概要（　　時間扱い）

導　入	展　開	発　展
学習課題		

6　本時の指導計画の概要（　　／　　）

導　入	展　開	まとめ
学習課題		

資料5　小学校国語科単元計画シート（新学習指導要領版）

小学校国語科単元計画シート（新学習指導要領版）

1　取り上げる教材

（単元として指導する教材を書きましょう。1つの場合もあれば，複数の場合もあります。自作教材を活用する場合もあります。）

2　主な指導事項等

〔知識及び技能〕

〔思考力，判断力，表現力等〕

3　言語活動（どんな言語活動を位置付けるかを書きましょう。）

4　単元名

5　単元の指導計画の概要（　　時間扱い）

導　入	展　開	発　展

6　本時の指導計画の概要（　　／　　）

導　入	展　開	まとめ

Chapter 3

「質の高い言語活動」を位置付けた新学習指導要領・国語科の授業づくりガイド

12事例の見方・使い方　10のポイント

本章では学年・領域別の12事例をご紹介しています。１事例の構成は以下の通りです。

ポイント1
単元名

子供たちが取り組みたくなるような単元名を示しています。言語活動や付けたい力がイメージできるような単元名を，各執筆者が工夫して付けています。

ポイント2
単元の指導目標

新学習指導要領の指導事項等を基に書き表しています。（　）にはどの指導事項等に係る目標かが分かるように記号を示しています。

> 知・技⑴ア，ウ　→〔知識及び技能〕⑴ア及びウを基にした目標
> 書くこと　エ　→〔思考力，判断力，表現力等〕「Ｂ書くこと」エを基にした目標
> 学びに向かう力等 → 単元で養う国語科の「学びに向かう力，人間性等」に関わる目標

単元の評価規準

観点別に単元で評価する資質・能力を具体的に記述しています。観点の名称は，平成28年12月の中央教育審議会答申時点での例示によるものです。（　）には，どの指導事項等に対応するのかが分かるように記号を示しています。

ポイント3
単元について

子供の実態や指導のポイントなどを記載しています。子供の実態には，当該単元と同じ系統の前の単元（「話すこと・聞くこと」の事例なら，その前までの「話すこと・聞くこと」の学習）での実態や身に付いた力を中心に記載し，本単元で重点的に育成を目指す資質・能力を明らかにするようにしています。

また指導のポイントには，単元構想の特徴や指導のコツを解説しています。

1ページ目

ポイント1

第１学年の授業づくり　書くこと

2 出来事の順序に気をつけてお話を書こう

【時間数】全９時間・【教材名】おはなしをつくろう（東京書籍１年下巻）
【関連教材】浦島太郎，桃太郎

1 単元の指導目標

○身近なことを表す語句の量を増し，文章の中で使い語彙を豊かにするとともに，文の中における主語と述語との関係に気付いて文を書くことができる。（知・技⑴オ，カ）
○事柄の順序など，情報と情報との関係について理解することができる。（知・技⑵ア）
○自分の想像した物語の内容が明確になるように，出来事の順序に沿って物語の構成を考えることができる。（書くこと　イ）
○自分が書きたいと思った内容の物語を書くために，その内容に合う様々な出来事を想像して書いたり，自分が書いたものに出来事を付け加えて書いたりしようとする。（学びに向かう力等）

ポイント2

2 単元の評価規準

知識・技能	思考力・判断力・表現力等	主体的に学習に取り組む態度
・物語を書く際に用いる身近なことを表す語句の量を増し，文章の中で使うことで語彙を豊かにしている。（知・技⑴オ） ・文の中における主語と述語との関係に気付いて文を書いている。（知・技⑴カ） ・出来事や時間の順序など，情報と情報との関係について理解して，物語の筋を考える際に用いている。（知・技⑵ア）	「Ｂ書くこと」 ・自分の想像した物語の内容が明確になるように，出来事を時間の経過などの順序に沿って配列して，物語の構成を考えている。（イ）	・自分が書きたいと思った内容の物語を書くために，その内容に合う様々な出来事を想像して書いたり，自分が書いたものに出来事を付け加えて書いたりしようとしている。

48

2ページ目

ポイント3

3 単元について

❶言語活動と指導事項について

本単元では，昔話を基に，物語を作る言語活動を通して，学習指導要領「Ｂ書くこと」の指導事項イを指導する。一般的に昔話は，人物の成長や出来事を，順を追って描いている。よって，昔話を基にすることで，子供たちは，出来事が起こった時間の順序を意識して，物語作りをしていくことができると考えた。例えば，「僕は『みかん太郎』というお話を書きたいな。みかん太郎が，オレンジてんぐを倒すお話にしよう」「家来は，犬にしたいな」等と考えていく。その際に，「みかん太郎は，犬を家来にしてから，オレンジてんぐを倒しに行くよ」のように，物語を出来事の順序に沿って構成していく力を育成していく。

❷単元構成について

子供たちの中には，自分の物語を作ってみたいと考えている子供は多いものの，どのような主人公にすればよいか，自分で想像することができないため，意欲が低下する子供がいることが予想された。そこで単元前に，様々な昔話を読み，物語のイメージを膨らませることを行った。そうすることで，本単元において，主人公や物語の流れを考える際に，「昔話の主人公や，その流れを基に考えれば書けそうだ。どのような主人公がいたのか，どのようなお話の流れだったのか，もう一度調べてみたい」という意識が表出されると考えた。そこで，その問題を解決する場として，単元に昔の主人公やその流れを

このような単元構成にすることで，自分もたく　う意欲が高まり，様々な物語を書いていく中で，書く能力が育成さ

ポイント4

新学習指導要領対応ガイド

❶順序を意識できるようにするための指導の工夫

低学年では，〔思考力，判断力，表現力等〕の「Ａ話すこと・聞くこと」，「Ｂ書くこと」，「Ｃ読むこと」のいずれの領域にも「順序」を考えて理解したり表現したりする指導事項が位置付けられています。この「順序」自体について意識できるようにすることに関する〔知識及び技能〕として，⑵アには，「事柄の順序など情報と情報との関係について理解すること」が示されています。こうした内容を指導する際，子供たちがその知識を獲得したいというタイミングをとらえて指導することが効果的です。そこで本事例では，物語の筋を考えるために順序についてはっきりさせたいといった思いが膨らむ場面で，順序について考える指導を的確に位置付けています。

❷物語を創作する言語活動を生かした指導の工夫

「書くこと」の言語活動例には，低学年から「簡単な物語を作る」など創作して書くことが挙げられています。子供たちの感性を豊かに育む上で効果的な言語活動です。

Chapter3 「質の高い言語活動」を位置付けた新学習指導要領・国語科の授業づくりガイド　49

ポイント4 新指導要領対応ガイド

新学習指導要領を具体化した授業づくりを行うに当たっての，本事例の意義や特長を，編者の立場から解説しています。授業づくりの際の参考にしてください。

ポイント5 言語活動とその特徴

単元全体に位置付けた言語活動とその特徴を解説しています。言語活動は，単元の指導のねらいを実現するために位置付けるものです。指導のねらいが異なれば言語活動も変えなければなりません。そのため，言語活動の形だけを提示するのではなく，どのようなねらいを実現するためにどのような特徴をもった言語活動を位置付けているのかを図解するなどして具体的に解説しています。

ポイント6 単元の指導計画

言語活動のステップと単元の指導過程をイラスト付きで解説しています。せっかく言語活動を工夫しても，子供たちの学びの意識とは無関係に学習を進めようとするとうまくいきません。導入時には子供が言語活動を行う価値や必要性を意識できるような工夫が様々になされています。また展開部でも，単元全体に位置付けた言語活動を行っていくことを常に意識できるような工夫がなされています。単元全体が子供にとっての課題解決の過程となるようにしているのです。

3ページ目

ポイント5

4 言語活動とその特徴

本単元における言語活動として，自分のオリジナルのお話（物語）を作り，学級図書館を開くことを位置付ける。

自分のオリジナルの物語を作るには，まず，大まかにどのような内容にするのか考える（題材の設定）。そして，自分の思い描いた内容になるように，出来事を位置付けていき（構成の検討），位置付けた出来事を基にお話を詳しく書いていく（考えの形成，記述）。さらに，書いた物語を読み，文字の間違いや，文の続き方が正しいか見直し（推敲），図書館を開いて，友達と読み合ったり，保護者等に読んでもらったりして，感想をもらう（共有）。

このような学習活動を通して，物語づくりの過程や，その際に大切なことは何かを学んでいく。

その中でも，特に本単元では，自分が思い描いた物語の流れに合うように，自分が書こうとする出来事を，その順序に沿って構成する力（指導事項イ　自分の考えが明確になるように，事柄の順序に沿って簡単な構成を考えること）の育成をねらった。自分のオリジナルの物語を作るという設定にすることで，個々のアイデアを生かせるため，意欲的に内容を考えることができる。また，内容について様々な考えが生み出されると，必然的にその構成にも着目できると考えた。

そこで，よりねらいに迫るために，構成する段階では，自分が考えた出来事を，その順序に着目しながら構成しやすいように，貼ったり剥がしたりする短冊カードを使用した。このカード１枚に，自分が考えた出来事を１つ書き，物語全体を表す台紙にその順序に気を付けながら貼っていく。こうすることで，自分が書いた出来事をどのような順序に並べて構成していけばよいかを意識しながら物語を作っていけるようにしている。

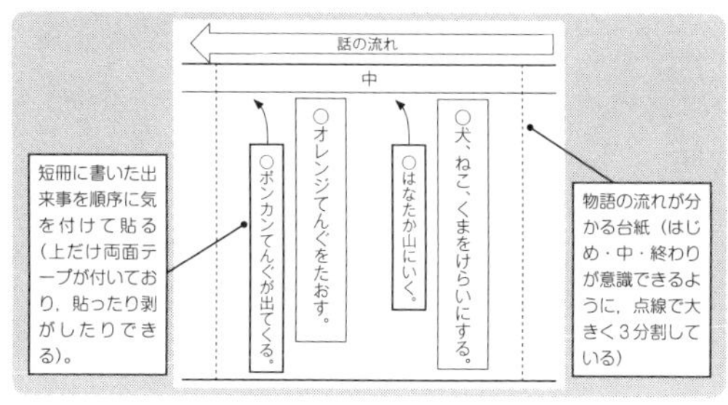

50

4ページ目

ポイント6

5 単元の指導計画（全９時間）

第1次

①学級図書館を開く計画を立てる。
・これまでに読んできた昔話を振り返る。
・教師が作った物語の読み聞かせを聞き「物語を作って，学級図書館を開こう」という単元のゴールを設定する。
・学習の計画を立てる。

第2次❶

②昔話にはどんな主人公がいたか，調べる。
③様々な昔話の主人公を基に，自分の物語の主人公を決める。

第2次❷

④昔話の流れを基に，自分の物語の大まかな流れを考える。
⑤自分の物語を詳しくするために，どんな出来事が起こるか考えて付け加えていく。（本時）

第3次

⑥〜⑨学級図書館を開く。
・物語を完成させて，友達と読み合い，感想を交流する。
・さらに，新しい物語作りに挑戦する。

単元外

・授業参観で，保護者にも読んでもらい，感想を書いてもらう。

Chapter3 「質の高い言語活動」を位置付けた新学習指導要領・国語科の授業づくりガイド 51

ポイント7
本時のねらい・展開

単元展開の中で，本時のねらいと学習指導をどう進めるかを書き表しています。本時のねらいの末尾には，対応する指導事項等を（　　）内に記号で示しています。

本時の展開には，本時の学習指導の内容を，学習指導案の形式で記載しています。

ポイント8
本時の板書例・実物資料

本時の学習指導に用いるワークシートやメモ，板書例等などの資料も具体的に掲載しています。

5ページ目

6　本時の学習（本時5／9時）

ポイント7

❶本時のねらい

自分の物語に，どのような出来事をどの順序で書くか考えたり，そのことについて友達と話し合ったりする活動を通して，出来事を時間の順序に沿って構成することができる。

（書くこと　イ）

❷本時の展開

時間	学習活動	主な発問（○）と指示（△）	指導上の留意点（・）と評価（◇）
2分	1．これまでの活動を振り返る。	○これまで，何をするために学習してきましたか。 ○計画のどこまで，進んでいたかな。	・目的を確認したり，計画の中で，今はどのあたりを学習しているかを明確にしたりする。
3分	2．本時の学習課題を設定する。	○はじめ，中，終わりの大まかな流れは考えたけれど，これで，読んだ人におもしろいと思ってもらえるお話になったかな。	・大まかな流れだけでは，自分の思いが伝わらないことや，読み手がおもしろさを感じてくれないということを表出させ，めあてにつなげる。
	おはなしをくわしくしよう。		
15分	3．物語を詳しくするためにはどうすればよいか，実際の昔話を基に考える。 （浦島太郎）	○詳しくするためにどうすればよいか，手がかりになりそうなものはありますか。 ○前の時間にみんなで考えた『浦島太郎』の大まかな流れと，詳しいお話を比べてみると，詳しいお話には何が付け加わっているかな。	・これまでのように，昔話を基に考えればよかったことを想起できるようにする。 ・前時で参考にした『浦島太郎』の大まかな流れと，教師が簡単にまとめた『浦島太郎』の詳しい物語を比べさせることで，物語を詳しくするための手がかりを見付けられるようにする。 ・『浦島太郎』では，主人公がすることが増えていることをとらえさせる。
	（桃太郎）	○『桃太郎』ではどうかな。付け加わっていることは何ですか。	・『桃太郎』では，新たな登場人物やもの（きびだんご）が増えていることをとらえさせる。

52

6ページ目

時間	学習活動	主な発問（○）と指示（△）	指導上の留意点（・）と評価（◇）
		○犬，猿，雉を仲間にする。次にきびだんごをもらって，ご飯を食べて強くなるんだね…。 △物語の順番に合うように並べ変えることができますか。	・それぞれの出来事を短冊カードに書き，板書に位置付けていく際に，あえて物語とは違う順序で貼り付けることで，出来事等を増やすだけでなく，順序を意識して構成しなければいけないことに気付けるようにする。
20分	4．自分の物語を詳しく書く。 （自分で考える） （友達と話し合う）	△「主人公がすること」「登場人物」「もの」を増やすことと，出来事が起こった時間の順序に気を付けて，自分のお話を詳しくしていきましょう。 △友達に見てもらって，こんな出来事があったらおもしろくなりそうだというアドバイスをもらってもいいですね。	・前時までの大まかな流れを書いた短冊カードと，本時詳しくするために書く出来事を書く短冊カードの色を変えておくことで，本時でどれだけ詳しくなったか，自己の成長を実感できるようにする。 ◇自分が考えた出来事を，その順序に沿って，並べて書いている。（書イ）
5分	5．本時の振り返りをする。	○今日の学習で，新しく分かったことや，自分ができるようになったことを書きましょう。	・内容面に関する学びと，自分の変容に関する学びを自己評[illegible]

ポイント8

❸本時の板書例

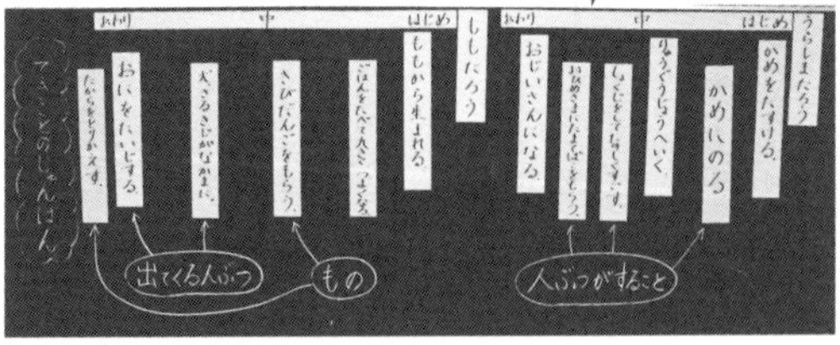

Chapter3 「質の高い言語活動」を位置付けた新学習指導要領・国語科の授業づくりガイド　53

ポイント9
主体的・対話的で深い学びにつながる指導のポイント

具体的な声かけ，個に応じた手立て，掲示物の写真など，指導の工夫を豊富に提示しています。
学級の子供の実態等に応じた指導の工夫の参考にしてください。

ポイント10
主体的・対話的で深い学びにつながる評価のポイント

目標に準拠した評価を行う上で，どのような子供の学びの姿が見られればよいのかを例示したり，それらをどのように評価するのかを例示したりしています。
言語活動を通して表現される子供たちの資質・能力を的確に評価し，さらなる指導の改善に生かす際の参考にしてください。

7ページ目

ポイント9・10

7　主体的・対話的で深い学びにつながる指導と評価のポイント

❶指導のポイント

前単元とつなぐ

小学校の低学年では，様々な本に触れる際に，「昔話」というジャンルで読むことがあるだろう。本単元では，前単元で自分が興味をもった「昔話」を，たくさん読む活動を設定した。その中で，様々な物語パターンを子供たちに意識させておいた。そうすることで，本単元の導入で，教師の作例を読んだ際にも，自分でもお話を書いてみたいという意欲がより喚起されるだろう。また，様々な昔話に触れているので，○○のようなお話にしたいと，内容を考える際にも参考にしながら物語作りをしていくことができる。

共通教材として取り上げる昔話の内容を，分かりやすく構成する

単元を通して共通教材として取り上げる『浦島太郎』と『桃太郎』の昔話は，本によって流れや，文章の量も多様である。そこで，子供たちには，一般的に子供たちが知っている流れで，「はじめ・中・終わりが分かりやすい」さらに「『主人公がすること』『登場人物』『もの』が増えることが明確である」ことを意識して，教師が構成したものを示した。

大まかな内容を知っている昔話を，共通の教材として，さらにとらえさせたいことに焦点化することで，どの子にも分かりやすくなるように工夫した。

うらしまたろう

あるところに　うらしまたろうという　おとこが
いました。ある日，つりをしていると，はまべで　かめが
いじめられているのを　見つけました。うらしまは，その
かめを　たすけてあげました。
　つぎの日，おなじはまべを　とおると，大きなかめが
やってきました。きのう　たすけた
おれいに　りゅうぐうじょうに
つれていってくれる　ことに
なりました。
　うらしまは，かめにのって　うみを
すすんで　いきました。りゅうぐうじょうでは
たくさんの　ごちそうが　ようい　されていました。
たのしいときを　すごした　うらしまが　かえろうと
すると　おみやげに　たまてばこを　もらいました。
　うちにかえると，まわりのようすが　すっかり
かわっていました。うらしまは，たまてばこを　おもい出
し，はこを　あけてみると，中から　けむりが　出てきて
おじいさんに　なってしまいました。

順序を意識付ける教師の手立て

本時では，構成を考える際に，順序をより意識付ける必要がある。そこで，全体の場で，短冊に書いた『桃太郎』の出来事を並べていく際に，教師が意図的にその出来事の順序の並びを話の順序とは違うように並べる。その短冊を貼っていく際に，その並び順がおかしいことに気付く子供もいるだろうし，教師が順に読むことで，おかしいことに気付く子供もいるだろう。このようにすることで，子供たちが自ら，出来事をその時間の順序に並べていくことが大切だということに気付いていった。

54

8ページ目

先生が並べた順番ではおかしいです。
「強くなる→
きびだんごをもらう→
仲間をふやす」の順番でないといけません。

構成を考えていく際に子供たちが使う教材の工夫

本単元では，構成を考えていく際に，全体を「はじめ・中・終わり」に分けたワークシートを使用した。大まかな構成を考える際に，その流れを意識させ，まずは，それぞれにどのようなことが起こるのかという全体像を考えさせた。また，その際には，何度も貼り替えができる青い短冊カードに出来事を書かせ，貼らせた。

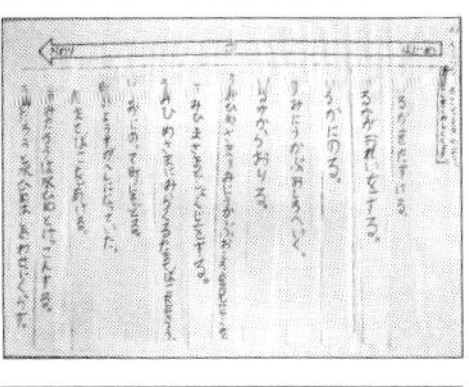

さらに，本時でその内容を詳しくしていく際には，桃色の短冊カードを使用した。そうすることで，本時，どこが詳しくなったのかということが明確になるようにした。また，何度も繰り返し貼り換えができる短冊カードにしたことで，友達と話すなどして，後から出来事を思いついた際にも，順番を意識して，短冊カードを移動させることができるようにした。

子供たちの学びの振り返り

授業の最後には，「分かったこと」と「自分ができたこと」という視点で，振り返らせた。自分ができたことの中には，友達と一緒に考えたことで，自分ができるようになったことを書いてもよいと伝えておく。そうすることで，内容面の振り返りと，友達との協働によって自分がどう変わったのかということも，意識できるようにした。実際の子供たちの振り返りには「『友達が，玉手箱という，ものを付けたしたらどうか』と言ってくれたので，出来事が増えました」や「友達が『おもしろいね』と言ってくれたので，書いてよかったと思いました」等の友達との関わりによっての自分の変容を振り返ることができている子供たちが多く見られた。

（尼子　智悠）

【参考文献】
・水戸部修治『小学校国語科　言語活動パーフェクトガイド』明治図書，2011年
・水戸部修治他編著『アクティブ・ラーニングの視点を生かした授業』pp.6-11，東洋館，2016年

Chapter3 「質の高い言語活動」を位置付けた新学習指導要領・国語科の授業づくりガイド　55

「じゃんけんやさん」をひらこう

【時間数】全10時間・【教材名】「じゃんけんやさん」をひらこう（東京書籍１年下巻）

1　単元の指導目標

○考えたことが相手に伝わるように，話す事柄の順序を考えたり，伝えたい事柄や相手に応じて声の大きさや速さを工夫したりすることができる。　　（話すこと・聞くこと　イ，ウ）

2　単元の評価規準

知識・技能	思考力・判断力・表現力等	主体的に学習に取り組む態度
・姿勢や口形，発音や発声に注意して話している。（知・技(1)イ） ・事柄を順序立てることについて理解している。（知・技(2)ア）	「Ａ話すこと・聞くこと」 ・自分が考えたじゃんけんについて，仕組みや遊び方などが相手に伝わるように，話す事柄の順序を考えている。（イ） ・伝えたい事柄や相手に応じて声の大きさや速さを工夫している。（ウ）	・考えたことやその手順などが伝わるように説明しようとしている。

3　単元について

❶子供について

子供たちはこれまでに，「Ａ話すこと・聞くこと」の指導事項「ア　身近なことや経験したことなどから話題を決め，伝え合うために必要な事柄を選ぶこと」について，学校探検で見付けたことや，夏休みに経験したことを友達に伝える活動を通して，自分が伝えたい事柄を選び，友達に話すことを学習している。

本単元では特に「イ　相手に伝わるように行動したことや経験したことに基づいて，話す事柄の順序を考えること」を受け，自分が考えたじゃんけんについて，その仕組みが友達に伝わるよう順序立てて説明できるようにすることを重視し，指導する。

❷教材について

子供たちにとって「じゃんけん」は身近な遊びであり，ルールを知らない子供や，経験したことのない子供はいない。しかし，じゃんけんのルールを誰かに説明するとなるとなかなか難しい。本教材『「じゃんけんやさん」をひらこう』は，一般的なじゃんけんの仕組みを確かめ，新しいじゃんけんを考えて，説明の練習をし，「じゃんけんやさん」を開くという展開になっている。３つある「じゃんけんで使うもの」が「３すくみ」の状態になっていることを確認し，それを相手に分かってもらえるように順序立てて説明することが必要である。

また，実際にじゃんけんをするために，「相手がじゃんけんのルールを理解できないと遊べない」「遊ぶためには相手に分かってもらえる説明が必要」という活動への必然性が感じられ，友達に伝えたいという相手意識も高まるものと考える。

❸指導について

単元の導入では，教師の説明を聞いて世界の様々なじゃんけんを体験することで，じゃんけんに対する関心を高めるとともに，「じゃんけんやさん」を開いて新しいじゃんけんを友達に説明するという学習の見通しをもてるようにした。

第２次はじゃんけんの説明を考える段階である。まずは一般的なじゃんけんを使って，説明するために必要な事柄（「使うもの」「勝ち負けの仕組み」「身ぶり」）を考えた。次に教師の例，そして自分が考えたオリジナルじゃんけんと，段階を踏んで順序よく説明するために必要な力を身に付けられるようにした。実際にじゃんけんをするには，説明を聞いた友達がじゃんけんを具体的にイメージできるような説明が必要である。そのため，抽象的な事柄から具体的な事柄へ，全体的なことから部分的なことへと順序立てて説明が構成されるよう，ワークシートを操作したり，友達と話し合ったりしながら考えることができるようにした。

単元の終末では，「じゃんけんやさん」を開き，ペアでじゃんけんの説明をした後，実際にじゃんけんを行い，自分の説明でじゃんけんのやり方が友達に伝わったかどうか確認できるようにした。

新学習指導要領対応ガイド

❶説明することの楽しさを味わわせるための指導の工夫

１年生の「話すこと・聞くこと」の指導では，話したい，聞きたいという思いを膨らませ，話したり聞いたりすることの楽しさを味わわせることが大切です。本事例では，自分が工夫して考えたじゃんけんの方法を説明するという課題の設定によって，説明することの楽しさを味わうことができるよう工夫しています。

❷順序を考えるための指導の工夫

１年生も，実生活や学習の場で「順序」という言葉に触れる機会はあるものです。本事例では改めて，「順序を考えて説明すること」について考える場を設定することで，〔知識及び技能〕(2)「情報と情報との関係」に関する事項を重点的に指導できるようにしています。

❸学んだことを他の場面に生かすための指導の工夫

単元のゴールではお互いに説明し合う場を設定しています。こうした言語活動を繰り返すことで，他教科等の学習場面でも説明の順序を意識して話すことができるようになります。

4　言語活動とその特徴

本単元における言語活動として，「図やメモを基にじゃんけんの仕組みを説明する」ことを位置付けた。じゃんけんの仕組みを聞き手である友達に理解してもらい，実際にじゃんけんをするためには，聞き手がじゃんけんの様子をイメージしやすく，必要な事柄が伝わるような説明を考える必要がある。それには伝えるべき事柄をどのような順序で話せばより相手に伝わるか考えることが重要である。これらのことから，じゃんけんの仕組みを説明する活動が説明の順序を考える上で有効であると考えた。

まず，じゃんけんの仕組みを説明する上で重要な「３すくみ」の様子が分かるように，図に描き，この図を手がかりとして説明を考えることができるようにした。

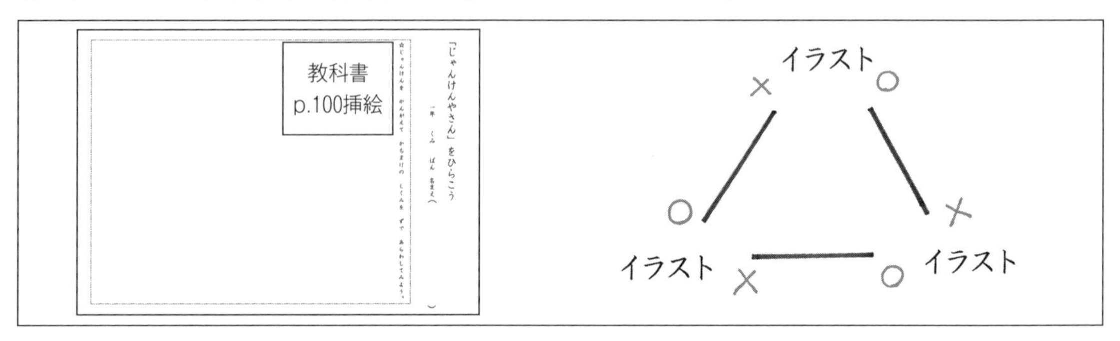

説明の順序を考えるために以下のようなワークシートを使用した。「みぶり」「かちまけのしくみ」「つかうもの」の各シートは切り離して使うようになっている。

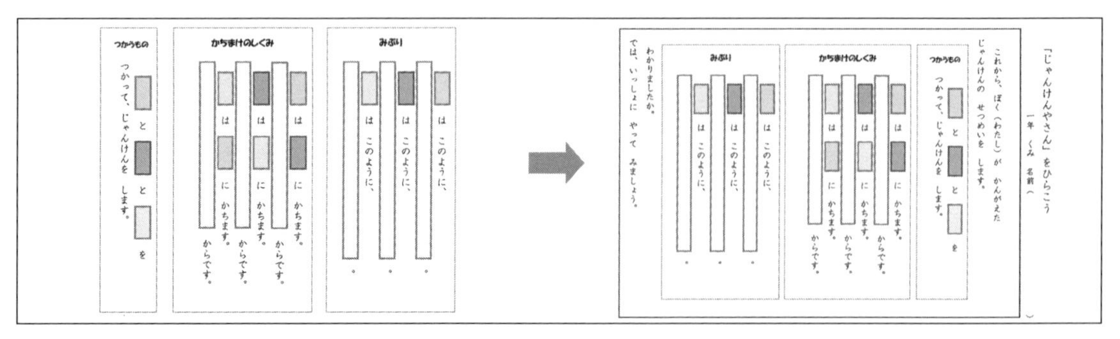

じゃんけんのルールを説明する際に，まず使うものについて概説し，それから「勝ち負けの仕組み」や「身ぶり」という順序で説明すると，「勝ち負けの仕組み」など細かな説明が最初にされるよりもじゃんけんの様子がイメージしやすく，より伝わるということが実感できる。自分で考えるだけでなく，実際に友達に説明し，試行錯誤しながら考えるためのワークシートである。順序が確定したら糊付けし，図の裏側に貼り付け，説明の際のヒントとして使用した。

これらにより，「話す事柄を順序立てて話す」こと（話すこと・聞くこと　イ）を実現できるようにした。

5 単元の指導計画（全10時間）

第1次

①インドネシアやシンガポールなど世界各地の様々なじゃんけんを体験する。様々なじゃんけんの仕組みについて分かったことや知っていることを出し合い，「じゃんけんやさん」を開いて，新しいじゃんけんを友達に説明するという学習課題を確かめる。

第2次❶

②一般的なじゃんけんの仕組みを説明するには何を話せばよいか，「使うもの」「勝ち負けの仕組み」「身ぶり」の観点から考える。

③④教師が提示したじゃんけんの「使うもの」「勝ち負けの仕組み」を参考に，自分のオリジナルじゃんけんで「使うもの」と「勝ち負けの仕組み」の説明の仕方を考え，友達に説明する。

⑤⑥教師の提示したじゃんけんの「身ぶり」を参考に，自分のオリジナルじゃんけんの「身ぶり」を決め，説明の仕方を考えて友達に説明する。説明する際の「使うもの」「勝ち負けの仕組み」「身ぶり」の順序を考え，ワークシートを並べ替える。

第2次❷

⑦自分が考えたじゃんけんを説明するためにはどのような順序で話せばよいか話し合う。（本時）

⑧説明の練習をする。

第3次

⑨⑩「じゃんけんやさん」を開き，交替で店の人やお客になって，新しいじゃんけんについて説明したり説明を聞いたりする。実際にじゃんけんをして遊ぶ。（1.5時間）

・単元の学習を振り返る。（0.5時間）

6　本時の学習（本時７／10時）

❶本時のねらい

自分の作ったじゃんけんのやり方を説明するために，話す事柄の順序を考えることができる。

（話すこと・聞くこと　イ）

❷本時の展開

時間	学習活動	主な発問（○）と指示（△）	指導上の留意点（・）と評価（◇）
３分	１．本時の課題を確認する。	○じゃんけんの説明をするときに必要なことは何ですか。 △「使うもの」「勝ち負けの仕組み」「身ぶり」を使って説明します。	・前時までに学習したじゃんけんを説明する際に必要なことを確認する。
12分	２．自分が考えたじゃんけんについて説明するための事柄の順序をペアで相談しながら検討する。	△今日は，この「使うもの」「勝ち負けの仕組み」「身ぶり」を，どんな順番で説明したらいいのか，みんなで考えます。 ○最初に何を説明したらいいでしょう。「勝ち負けの仕組み」を最初に説明したらどうでしょうか。 ○「使うもの」を先にしたらどうですか。どちらが伝わりやすいでしょう。	・これまでに考えてきた「使うもの」「勝ち負けの仕組み」「身ぶり」を説明する際のモデルを子供たちの手元に置いておき，入れ替える操作をしながら，適切な説明の順序を考えることができるようにする。 ・「使うもの」は全体に関わる説明で，その後のすべての説明に関わってくる事柄なので，最初に説明するとよいことに気付けるようにする。
15分	３．教師のじゃんけんの説明を聞き，どの順序がより伝わるか話し合う。	○どちらが伝わりやすいのか，先生の考えたじゃんけんで試してみましょう。まずは，□番の順番で説明します。 △実際にじゃんけんをしてみましょう。□□じゃんけん，じゃんけんぽん。	・教師の例示（後述）を聞き，実際にじゃんけんをすることで，説明の伝わりやすさを実感できるようにする。 ・「身ぶり」と「勝ち負けの仕組み」はどちらが先でも説明は成立するが，自分が考えたじゃん

		○２つの説明では，どちらが伝わりやすいと思いますか。	けんの説明ではどちらを重視するか，理由を考えながら選べるようにする。
15分	4．友達とペアになって説明の練習をする。	△まだペアでやったことがない友達に自分が考えたじゃんけんを紹介してみましょう。	・ペアで練習することで，相手意識や目的意識をもたせ，適切な声の大きさや話す速さに気を付けて説明できるようにする。 ◇「使うもの」「勝ち負けの仕組み」「身ぶり」などについて，伝わりやすい話の順序を考えている。 （話・聞 イ）（じゃんけんを説明する様子・ワークシート）

❸本時の板書例

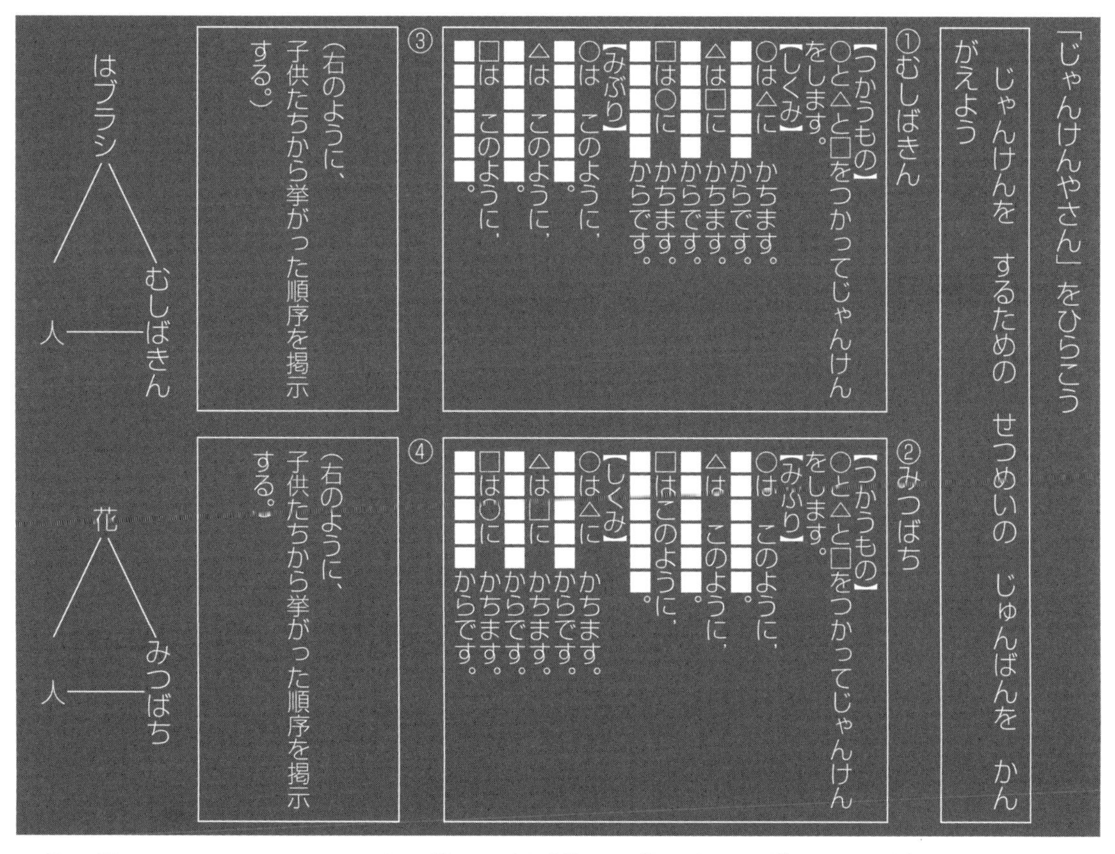

①～④についてはワークシートに準じた掲示物。子供たちから挙がった順序について掲示した。

7　主体的・対話的で深い学びにつながる指導と評価のポイント

❶指導のポイント

順序を考える際の教師の例示

学習活動２・３で説明の順序を子供たちに検討させた。じゃんけん全体の説明に関わってくる「使うもの」を最初にするとよいことに活動を通して気付けるようにした。

次に何の説明をするかだが，「仕組み」が先だと「身ぶり」が最後になるので忘れにくく，じゃんけんとしては成立しやすい。一方，「身ぶり」が先だと最後が「勝ち負けの仕組み」になるので，勝敗が分かりやすいなど，それぞれのよさがある。そこで教師が説明を例示することで，自分のじゃんけんを説明する際はどちらがより相手に伝わるか，根拠をもって選べるようにした。

じゃんけん①　勝ち負けの仕組みが先のパターン
歯ブラシと，むし歯菌と，人でじゃんけんをします。
　歯ブラシはむし歯菌に勝ちます。むし歯菌をやっつけるからです。
　むし歯菌は人に勝ちます。人をむし歯にして苦しめるからです。
　人は歯ブラシに勝ちます。人は歯ブラシを使うからです。
　歯ブラシは，このように，歯ブラシをにぎる真似をします。
　虫歯菌は，このように，ほほに手を当てます。
　人は，このように，腰に手を当てます。

じゃんけん②　身ぶりが先のパターン
花と，蜂と，人でじゃんけんをします。
　花はこのように，両手で花の形を作ります。
　蜂はこのように，体の横で手を振ります。
　人は，このように，腰に手を当てます。
　花は蜂に勝ちます。花は蜂にみつをあげるからです。
　蜂は人に勝ちます。蜂は人を刺すからです。
　人は花に勝ちます。人は花を摘んでしまうからです。

友達と話し合いながら考える場の設定

自分のじゃんけんを考える際も，説明の順序を考える際も，個人で十分に考える時間を確保した上で友達と交流する場を設けた。これにより，自分の考えをもった上で友達の考えに触れることになり，友達との違いに気付いたり，友達の説明を参考にして自分の説明を修正したり，ときにはアドバイスし合ったりすることができるようにした。

❷評価のポイント

風船は水に浮くので風船と水では風船の勝ち。水がつくと針は錆びるので水と針では水の勝ち。針で風船は割れるので針と風船では針の勝ちというように，じゃんけんで重要な「３すくみ」の様子を図に表し，ワークシートを使って説明とその順序を考えた。必要な事柄が適切な順序（「使うもの」が先）で説明されていることがＢ評価の条件となる。なお，なぜその順序がよいのか理由が分かっていて，じゃんけんの説明ができればＡ評価とした。

単元終盤の「じゃんけんやさん」では，実際にじゃんけんの説明を聞いた友達とじゃんけんを行う。じゃんけんが成立したか（＝相手に伝わったか）子どもたち自身が実感でき，その場で自己評価することができる。

基本的にペアや小グループでの活動となるため，何度か「じゃんけんやさん」を開く中で計画的に評価を行う必要がある。学級を３つに分け，３分の１の子供たちがお店を開き，残りの３分の２の子どもたちが客になることで，複数回お店を開き，多くの友達に自分のじゃんけんを紹介できるようにするとともに，無理なく評価できるようにした。

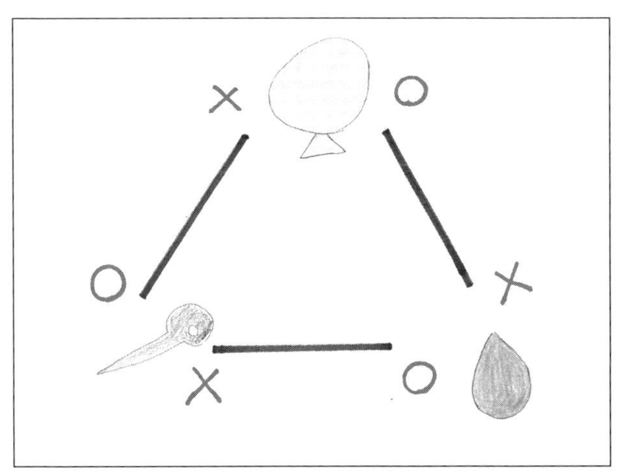

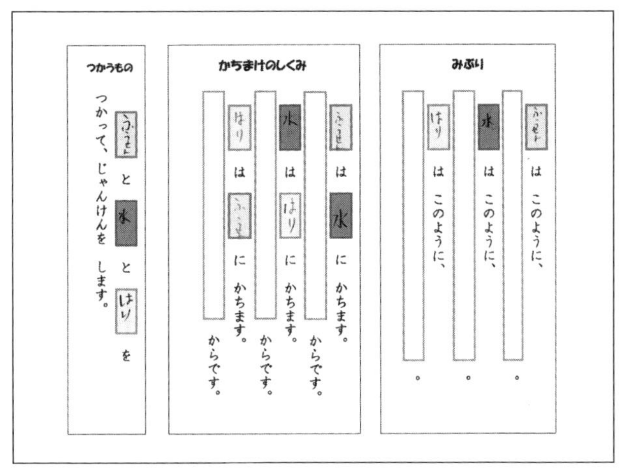

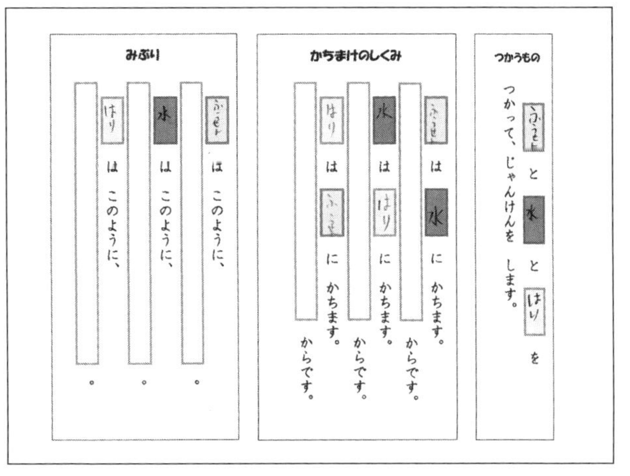

（小森　大樹）

出来事の順序に気をつけてお話を書こう

【時間数】全９時間・【教材名】おはなしをつくろう（東京書籍１年下巻）
【関連教材】浦島太郎，桃太郎

1　単元の指導目標

○身近なことを表す語句の量を増し，文章の中で使い語彙を豊かにするとともに，文の中における主語と述語との関係に気付いて文を書くことができる。（知・技(1)オ，カ）
○事柄の順序など，情報と情報との関係について理解することができる。（知・技(2)ア）
○自分の想像した物語の内容が明確になるように，出来事の順序に沿って物語の構成を考えることができる。（書くこと　イ）
○自分が書きたいと思った内容の物語を書くために，その内容に合う様々な出来事を想像して書いたり，自分が書いたものに出来事を付け加えて書いたりしようとする。（学びに向かう力等）

2　単元の評価規準

知識・技能	思考力・判断力・表現力等	主体的に学習に取り組む態度
・物語を書く際に用いる身近なことを表す語句の量を増し，文章の中で使うことで語彙を豊かにしている。（知・技(1)オ） ・文の中における主語と述語との関係に気付いて文を書いている。（知・技(1)カ） ・出来事や時間の順序など，情報と情報との関係について理解して，物語の筋を考える際に用いている。（知・技(2)ア）	「B書くこと」 ・自分の想像した物語の内容が明確になるように，出来事を時間の経過などの順序に沿って配列して，物語の構成を考えている。（イ）	・自分が書きたいと思った内容の物語を書くために，その内容に合う様々な出来事を想像して書いたり，自分が書いたものに出来事を付け加えて書いたりしようとしている。

3 単元について

❶言語活動と指導事項について

本単元では，昔話を基に，物語を作る言語活動を通して，学習指導要領「Ｂ書くこと」の指導事項イを指導する。一般的に昔話は，人物の成長や出来事を，順を追って描いている。よって，昔話を基にすることで，子供たちは，出来事が起こった時間の順序を意識して，物語作りをしていくことができると考えた。例えば，「僕は『みかん太郎』というお話を書きたいな。みかん太郎が，オレンジてんぐを倒すお話にしよう」「家来は，犬にしたいな」等と考えていく。その際に，「みかん太郎は，犬を家来にしてから，オレンジてんぐを倒しに行くよ」のように，物語を出来事の順序に沿って構成していく力を育成していく。

❷単元構成について

子供たちの中には，自分の物語を作ってみたいと考えている子供は多いものの，どのような主人公にすればよいか，自分で想像することができないため，意欲が低下する子供がいることが予想された。そこで単元前に，様々な昔話を読み，物語のイメージを膨らませることを行った。そうすることで，本単元において，主人公や物語の流れを考える際に，「昔話の主人公や，その流れを基に考えれば書けそうだ。どのような主人公がいたのか，どのようなお話の流れだったのか，もう一度調べてみたい」という意識が表出されると考えた。そこで，その問題を解決する場として，単元に昔の主人公やその流れを調べる時間を位置付けた。

このような単元構成にすることで，自分もたくさん物語を作ってみたいという意欲が高まり，様々な物語を書いていく中で，書く能力が育成されると考えた。

新学習指導要領対応ガイド

❶順序を意識できるようにするための指導の工夫

低学年では，〔思考力，判断力，表現力等〕の「Ａ話すこと・聞くこと」，「Ｂ書くこと」，「Ｃ読むこと」のいずれの領域にも「順序」を考えて理解したり表現したりする指導事項が位置付けられています。この「順序」自体について意識できるようにすることに関する〔知識及び技能〕として，⑵アには，「事柄の順序など情報と情報との関係について理解すること」が示されています。こうした内容を指導する際，子供たちがその知識を獲得したいというタイミングをとらえて指導することが効果的です。そこで本事例では，物語の筋を考えるために順序についてはっきりさせたいといった思いが膨らむ場面で，順序について考える指導を的確に位置付けています。

❷物語を創作する言語活動を生かした指導の工夫

「書くこと」の言語活動例には，低学年から「簡単な物語を作る」など創作して書くことが挙げられています。子供たちの感性を豊かに育む上で効果的な言語活動です。

4 言語活動とその特徴

本単元における言語活動として，自分のオリジナルのお話（物語）を作り，学級図書館を開くことを位置付ける。

自分のオリジナルの物語を作るには，まず，大まかにどのような内容にするのか考える（題材の設定)。そして，自分の思い描いた内容になるように，出来事を位置付けていき（構成の検討)，位置付けた出来事を基にお話を詳しく書いていく（考えの形成，記述)。さらに，書いた物語を読み，文字の間違いや，文の続き方が正しいか見直し（推敲)，図書館を開いて，友達と読み合ったり，保護者等に読んでもらったりして，感想をもらう（共有)。

このような学習活動を通して,物語づくりの過程や,その際に大切なことは何かを学んでいく。

その中でも，特に本単元では，自分が思い描いた物語の流れに合うように，自分が書こうとする出来事を，その順序に沿って構成する力（指導事項イ　自分の考えが明確になるように，事柄の順序に沿って簡単な構成を考えること）の育成をねらった。自分のオリジナルの物語を作るという設定にすることで，個々のアイデアを生かせるため，意欲的に内容を考えることができる。また，内容について様々な考えが生み出されると，必然的にその構成にも着目できると考えた。

そこで，よりねらいに迫るために，構成する段階では，自分が考えた出来事を，その順序に着目しながら構成しやすいように，貼ったり剥がしたりする短冊カードを使用した。このカード１枚に，自分が考えた出来事を１つ書き，物語全体を表す台紙にその順序に気を付けながら貼っていく。こうすることで，自分が書いた出来事をどのような順序に並べて構成していけばよいかを意識しながら物語を作っていけるようにしている。

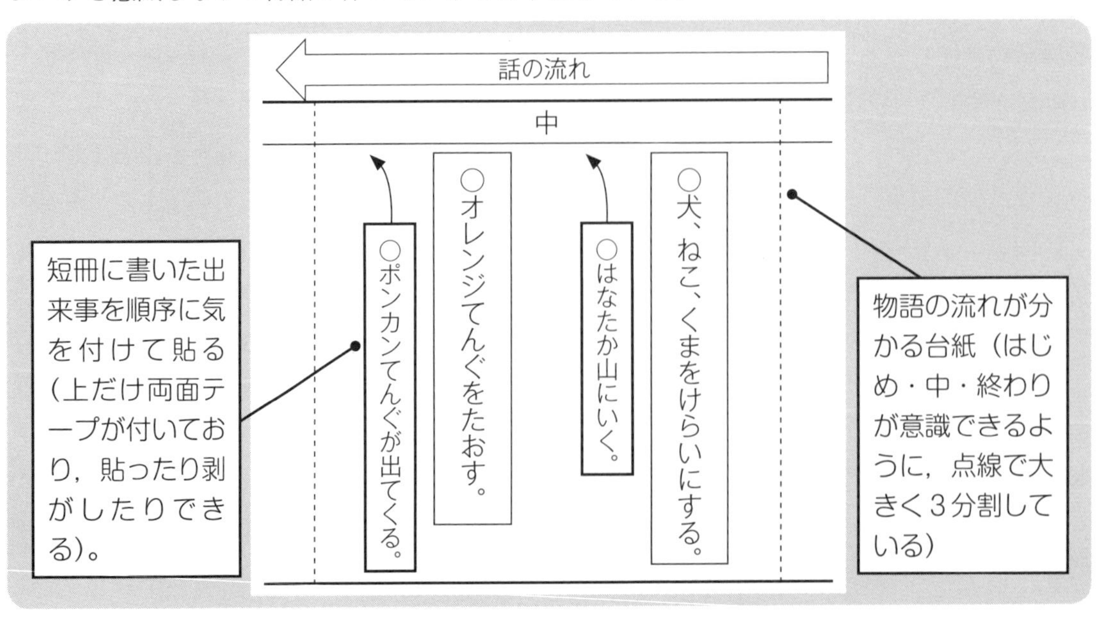

5 単元の指導計画（全９時間）

第１次

①学級図書館を開く計画を立てる。

・これまでに読んできた昔話を振り返る。

・教師が作った物語の読み聞かせを聞き「物語を作って，学級図書館を開こう」という単元のゴールを設定する。

・学習の計画を立てる。

第２次❶

②昔話にはどんな主人公がいたか，調べる。

③様々な昔話の主人公を基に，自分の物語の主人公を決める。

第２次❷

④昔話の流れを基に，自分の物語の大まかな流れを考える。

⑤自分の物語を詳しくするために，どんな出来事が起こるか考えて付け加えていく。（本時）

第３次

⑥〜⑨学級図書館を開く。

・物語を完成させて，友達と読み合い，感想を交流する。

・さらに，新しい物語作りに挑戦する。

単元外

・授業参観で，保護者にも読んでもらい，感想を書いてもらう。

6 本時の学習（本時５／９時）

❶本時のねらい

自分の物語に，どのような出来事をどの順序で書くか考えたり，そのことについて友達と話し合ったりする活動を通して，出来事を時間の順序に沿って構成することができる。

（書くこと　イ）

❷本時の展開

時間	学習活動	主な発問（○）と指示（△）	指導上の留意点（・）と評価（◇）
２分	１．これまでの活動を振り返る。	○これまで，何をするために学習してきましたか。 ○計画のどこまで，進んでいたかな。	・目的を確認したり，計画の中で，今はどのあたりを学習しているかを明確にしたりする。
３分	２．本時の学習課題を設定する。	○はじめ，中，終わりの大まかな流れは考えたけれど，これで，読んだ人におもしろいと思ってもらえるお話になったかな。	・大まかな流れだけでは，自分の思いが伝わらないことや，読み手がおもしろさを感じてくれないということを表出させ，めあてにつなげる。
	おはなしをくわしくしよう。		
15分	３．物語を詳しくするためにはどうすればよいか，実際の昔話を基に考える。 （浦島太郎）	○詳しくするためにどうすればよいか，手がかりになりそうなものはありますか。 ○前の時間にみんなで考えた『浦島太郎』の大まかな流れと，詳しいお話を比べてみると，詳しいお話には何が付け加わっているかな。	・これまでのように，昔話を基に考えればよかったことを想起できるようにする。 ・前時で参考にした『浦島太郎』の大まかな流れと，教師が簡単にまとめた『浦島太郎』の詳しい物語を比べさせることで，物語を詳しくするための手がかりを見付けられるようにする。 ・『浦島太郎』では，主人公がすることが増えていることをとらえさせる。
	（桃太郎）	○『桃太郎』ではどうかな。付け加わっていることは何ですか。	・『桃太郎』では，新たな登場人物やもの（きびだんご）が増えていることをとらえさせる。

		○犬，猿，雉を仲間にする。次にきびだんごをもらって，ご飯を食べて強くなるんだね…。 △物語の順番に合うように並べ変えることができますか。	・それぞれの出来事を短冊カードに書き，板書に位置付けていく際に，あえて物語とは違う順序で貼り付けることで，出来事等を増やすだけでなく，順序を意識して構成しなければいけないことに気付けるようにする。
20分	4．自分の物語を詳しく書く。 （自分で考える） （友達と話し合う）	△「主人公がすること」「登場人物」「もの」を増やすことと，出来事が起こった時間の順序に気を付けて，自分のお話を詳しくしていきましょう。 △友達に見てもらって，こんな出来事があったらおもしろくなりそうだというアドバイスをもらってもいいですね。	・前時までの大まかな流れを書いた短冊カードと，本時詳しくするために書く出来事を書く短冊カードの色を変えておくことで，本時でどれだけ詳しくなったか，自己の成長を実感できるようにする。 ◇自分が考えた出来事を，その順序に沿って，並べて書いている。（書 イ）
5分	5．本時の振り返りをする。	○今日の学習で，新しく分かったことや，自分ができるようになったことを書きましょう。	・内容面に関する学びと，自分の変容に関する学びを自己評価させる。

❸本時の板書例

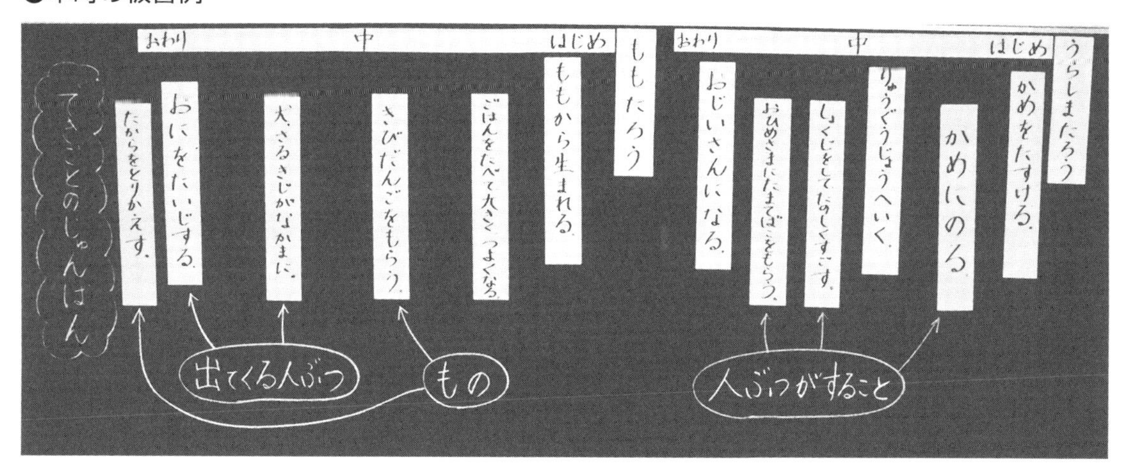

7 主体的・対話的で深い学びにつながる指導と評価のポイント

❶指導のポイント

前単元とつなぐ

小学校の低学年では，様々な本に触れる際に，「昔話」というジャンルで読むことがあるだろう。本単元では，前単元で自分が興味をもった「昔話」を，たくさん読む活動を設定した。その中で，様々な物語パターンを子供たちに意識させておいた。そうすることで，本単元の導入で，教師の作例を読んだ際にも，自分でもお話を書いてみたいという意欲がより喚起されるだろう。また，様々な昔話に触れているので，○○のようなお話にしたいと，内容を考える際にも参考にしながら物語作りをしていくことができる。

共通教材として取り上げる昔話の内容を，分かりやすく構成する

単元を通して共通教材として取り上げる『浦島太郎』と『桃太郎』の昔話は，本によって流れや，文章の量も多様である。そこで，子供たちには，一般的に子供たちが知っている流れで，「はじめ・中・終わりが分かりやすい」さらに「『主人公がすること』『登場人物』『もの』が増えることが明確である」ことを意識して，教師が構成したものを示した。

大まかな内容を知っている昔話を，共通の教材として，さらにとらえさせたいことに焦点化することで，どの子にも分かりやすくなるように工夫した。

うらしまたろう

あるところに　うらしまたろうという　おとこがいました。ある日、つりをしていると、はまべで　かめがいじめられているのを　見つけました。うらしまは、そのかめを　たすけてあげました。

つぎの日、おなじはまべを　とおると、大きなかめがやってきました。きのう　たすけたおれいに　りゅうぐうじょうにつれていってくれる　ことになりました。

うらしまは、かめにのって　うみをすすんで　いきました。りゅうぐうじょうではたくさんの　ごちそうが　ようい　されていました。たのしいときを　すごした　うらしまが　かえろうとすると　おみやげに　たまてばこを　もらいました。

うちにかえると、まわりのようすが　すっかりかわっていました。うらしまは、たまてばこを　おもい出し、はこを　あけてみると、中から　けむりが　出てきておじいさんに　なってしまいました。

順序を意識付ける教師の手立て

本時では，構成を考える際に，順序をより意識付ける必要がある。そこで，全体の場で，短冊に書いた『桃太郎』の出来事を並べていく際に，教師が意図的にその出来事の順序の並びを話の順序とは違うように並べる。その短冊を貼っていく際に，その並び順がおかしいことに気付く子供もいるだろうし，教師が順に読むことで，おかしいことに気付く子供もいるだろう。このようにすることで，子供たちが自ら，出来事をその時間の順序に並べていくことが大切だということに気付いていった。

先生が並べた順番ではおかしいです。
「強くなる→
きびだんごをもらう→
仲間をふやす」の順番でないといけません。

構成を考えていく際に子供たちが使う教材の工夫

本単元では，構成を考えていく際に，全体を「はじめ・中・終わり」に分けたワークシートを使用した。大まかな構成を考える際に，その流れを意識させ，まずは，それぞれにどのようなことが起こるのかという全体像を考えさせた。また，その際には，何度も貼り替えができる青い短冊カードに出来事を書かせ，貼らせた。

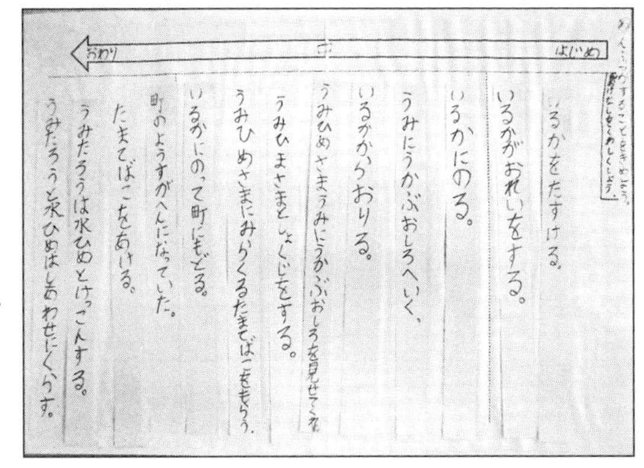

さらに，本時でその内容を詳しくしていく際には，桃色の短冊カードを使用した。そうすることで，本時，どこが詳しくなったのかということが明確になるようにした。また，何度も繰り返し貼り換えができる短冊カードにしたことで，友達と話すなどして，後から出来事を思いついた際にも，順番を意識して，短冊カードを移動させることができるようにした。

子供たちの学びの振り返り

授業の最後には，「分かったこと」と「自分ができたこと」という視点で，振り返らせた。自分ができたことの中には，友達と一緒に考えたことで，自分ができるようになったことを書いてもよいと伝えておく。そうすることで，内容面の振り返りと，友達との協働によって自分がどう変わったのかということも，意識できるようにした。実際の子供たちの振り返りには「『友達が，玉手箱という，ものを付けたしたらどうか』と言ってくれたので，出来事が増えました」や「友達が『おもしろいね』と言ってくれたので，書いてよかったと思いました」等の友達との関わりによっての自分の変容を振り返ることができている子供たちが多く見られた。

（尼子　智悠）

【参考文献】
・水戸部修治『小学校国語科　言語活動パーフェクトガイド』明治図書，2011年
・水戸部修治他編著『アクティブ・ラーニングの視点を生かした授業』pp.6-11，東洋館，2016年

じどう車クイズ大会をしよう

【時間数】全12時間・【教材名】じどう車くらべ（光村図書１年下巻）
【並行読書材】はたらくじどう車スーパーずかん（ポプラ社），はたらくじどう車しごととつくり（小峰書店）

1　単元の指導目標

○読書に親しみ，図鑑などを読むことで興味のあることを見付けたり，情報を得たりすることができることに気付くことができる。（知・技(3)エ）
○長音，拗(よう)音，促音，撥(はつ)音などの表記を理解して文や文章の中で使うとともに，片仮名で書く語の種類を理解して文や文章の中で使うことができる。（知・技(1)ウ）
○クイズカードの文章を書くことに向けて，事柄の順序を考えながら内容の大体をとらえたり，クイズの文章を書く上で重要な語や文を考えて選び出したりすることができる。（読むこと　ア，ウ）
○興味をもった自動車の仕事やつくりについて図鑑などから見付けたり，それらを説明したりすることに関心をもち，進んで図鑑を読んだり，見付けた情報を書いて説明したりしようとすることができる。（学びに向かう力等）

2　単元の評価規準

知識・技能	思考力・判断力・表現力等	主体的に学習に取り組む態度
・読書に親しみ，図鑑などを読むことで興味のあることを見付けたり，情報を得たりすることができることに気付いている。（知・技(3)エ） ・長音，拗音，促音，撥音などの表記を理解して文や文章の中で使うとともに，片仮名で書く語の種類を理解して文や文章の中で使っている。（知・技(1)ウ）	「C読むこと」 ・クイズカードの文章を書く際の文章の構成を見付けるために，事柄の順序を考えながら内容の大体をとらえて文章を読んでいる。（ア） ・クイズカードの文章を書く際に必要となる，順序や仕事，つくりなどに関する語や文を見付けて読んでいる。（ウ）	・興味をもった自動車の仕事やつくりについて図鑑などから見付けたり，それらを説明したりすることに関心をもち，進んで図鑑を読んだり，見付けた情報を書いて説明したりしようとしている。

3　単元について

❶子供について

1学期の説明的な文章「くちばし」では，単元を通した言語活動として「くちばしクイズをつくろう」を設定した。教材文から文末をヒントに問いを見付け，問いに対する答えという説明的な文章の基本的な構成の学習をした。その学習を生かして自分の選んだ鳥のくちばしについてクイズを作った。わけについては，えさを食べている様子の写真を見て，想像や指導者との話から文章を作っていった。

その結果，ほとんどの子供は問いと答えの文章をとらえることができた。しかし，理由について文章が長くなると何を書いてあるのかとらえることが難しい子供や，途中で諦めて文を最後まで読めず，内容の大体を読めない子供もいる。また，調べるために本を選ぶ経験はこれから積んでいくところである。

❷教材について

乗り物は，子供が興味を示すものの一つで，特に自動車は，身近に目にするものであり，様々な種類がある。そのことから，「かっこいいな。この車はどんなことをするのだろう」や「よく見るけど，どんなものが付いているのかな」と，自動車の本や図鑑を読む，よいきっかけにもなる。

教科書教材の「じどう車くらべ」は，2つの問いに対する答えという構成である。また，バスや乗用車，トラック，クレーン車の事例を挙げ，仕事によってつくりが異なり「そのために」という言葉を使うことで2つの事柄の因果関係を感じられるような説明の仕方になっている。その学習を生かして，自動車の仕事とつくりを説明する書く活動もできる。

新学習指導要領対応ガイド

❶読む目的に合った重要な語や文を見付けるための指導の工夫

「C読むこと」には「ウ　文章の中の重要な語や文を考えて選び出すこと」が示されています。この点について『小学校学習指導要領解説国語編』では，「読み手として必要な情報を適切に見付ける上で重要になる語や文」などを考えて選び出すことであると述べられています。そこで本事例では，本時の学習課題として，「自動車クイズを作る」という目的を明示する言語活動を生かし，自動車の仕事に合ったつくりを見付ける上で重要な語や文を考えて選び出すことができるようにしています。

❷図鑑から情報を得ることができるようにするための指導の工夫

クイズを作るために必要となる仕事やつくりなどの情報を図鑑から的確に見付けることができるようにするため，本事例では，教科書で学んだことを図鑑を読む際にも生かすことができるよう，教科書教材と図鑑とを交互に読み進めるスモールステップの指導過程を工夫しています。

4　言語活動とその特徴

本単元を通した言語活動として，自分が選んだ自動車をクイズにすることを位置付けた。

この言語活動は，「じどう車クイズ大会をしよう！」で，自らが選んだ自動車の仕事をクイズとして出す活動を子供の学習のゴールとする。クイズの答えを準備するために，自動車に関する図鑑を読み，その自動車の「仕事」や「つくり」を説明する文章を書くものである。

子供たちは，「じどう車クイズ大会」をし，答えの説明をするため，たくさんの情報が書かれている図鑑を読む。この活動で，子供たちは「C読むこと」の「ア　時間的な順序や事柄の順序などを考えながら，内容の大体を捉えること」のうち「内容の大体」を主体的に読むことができる。また，クイズを作るために「ウ　文章の中の重要な語や文を考えて選び出すこと」や〔知識及び技能〕(3)「エ　読書に親しみ，いろいろな本があることを知ること」を実現することができる。

主体的に学習に取り組めるよう，多くの自動車の中から自分が気に入った自動車を選ばせる。そして，今までの学習を基にクイズカードを書かせてみる。そこで，クイズの答えに合った説明になっているか考え，教科書教材でどう書いてあるか学習していく。学習したことをクイズのカード作りに生かせるよう，教科書教材と並行読書教材での学習を単位時間ごとに交互に進める。また，自分の選んだ自動車の仕事やつくりがどのように図鑑に書いてあるか，たくさんの情報から知りたい事柄を調べるときの読み方の指導を取り入れる。

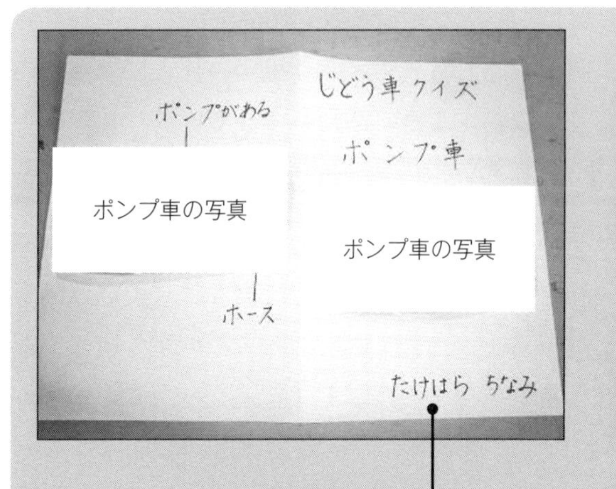

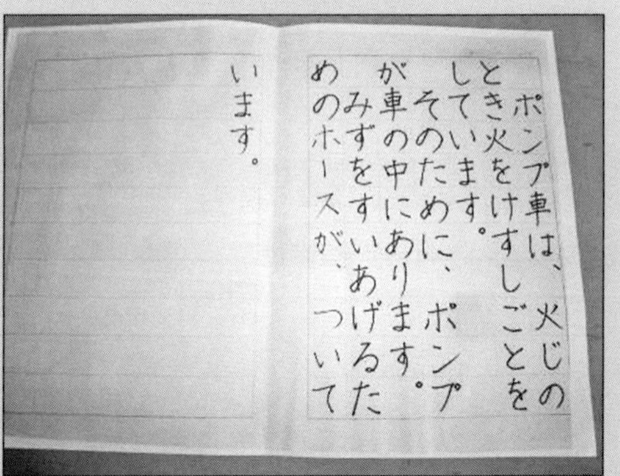

カードの右には，自動車の絵や写真とその名前を書く。この右の面だけを見せながら，クイズを出す。左側には，つくりが分かるような絵や部分の名前などを書く。裏には，その自動車の仕事とつくりを文章でまとめる。答えとなる文を読みながら左側の面も見せ，つくりについて説明する。

言語活動指導者サンプル

5　単元の指導計画（全12時間）

第1次

①単元のゴールを見通し，クイズに出したい自動車を決める。
（図鑑の読み方について説明をする。）

②クイズ大会をするために，学習計画を立てる。

第2次

③じどう車くらべ

・問いと答えを確かめる。

・答えの部分が「しごと」と「つくり」になっていることを読む。

④自分で選んだ車

・問いの文を書く。

・選んだ車の「しごと」を図鑑で確かめる。

⑤じどう車くらべ

・トラックやクレーン車の「つくり」をノートに書く。

⑥じどう車くらべ

・トラックやクレーン車の「つくり」が書いてある図鑑と教材文を比べる。

⑦自分で選んだ車

・選んだ車の図鑑を読み，「つくり」を見付ける。

⑧自分で選んだ車　（本時）

・選んだ車の「しごと」に合った「つくり」を選ぶ。

⑨選んだ車の「しごと」と「つくり」を教材文に習って清書する。

第3次

⑩⑪「じどう車クイズ大会」をするために練習をする。

⑫「じどう車クイズ大会」をする。

6 本時の学習（本時８／12時）

❶本時のねらい

自動車クイズを作るために，図鑑から，「仕事」に合った「つくり」を見付けることができる。

（読むこと　ウ）

❷本時の展開

時間	学習活動	主な発問（○）と指示（△）	指導上の留意点（・）と評価（◇）
10分	1．前時の学習を振り返る。	○図鑑のページにはどこにつくりが書いてありましたか。	・トラックとクレーン車の図鑑からつくりがどこに書いてあったかを確認する。
	2．本時の課題の確認		
	じどう車クイズをつくるために，「しごと」に合った「つくり」を見つけよう。		
	3．本時の学習の内容を確かめるために音読をする。	○クレーン車の「つくり」で，「運転席やタイヤがついている」のはどうでしょうか。	・「つくり」がどこに書かれているか意識させながら，全文を音読させる。 ・「そのために」の意味を考えさせる。 ・ハンドルやタイヤなど，どの自動車にも付いているつくりは「しごと」のための「つくり」ではないことに気付かせる。
30分	4．自分が選んだ自動車の仕事を確認する。	△自分の選んだ車の「しごと」を確かめましょう。	
	5．仕事のための自動車の「つくり」を書	△「しごと」のための「つくり」を付箋に書きまし	・図鑑のどの部分に「つくり」が書いてあるかについて確認

	き抜く。 6．ペアで自分の選んだ車の「つくり」について説明し合う。 7．自分の選んだ自動車の仕事と「つくり」を発表する。	ょう。	し，書かせる。 ◇「しごと」のための「つくり」を書き抜いている。 （読ウ）（ノート） ・「しごと」のための「つくり」を書いているか，互いに確かめさせる。
5分	8．本時の学習をまとめる。 「しごと」に合った「つくり」を見つけてずかんに書く。 9．次時の予告をする。		

❸本時の板書例

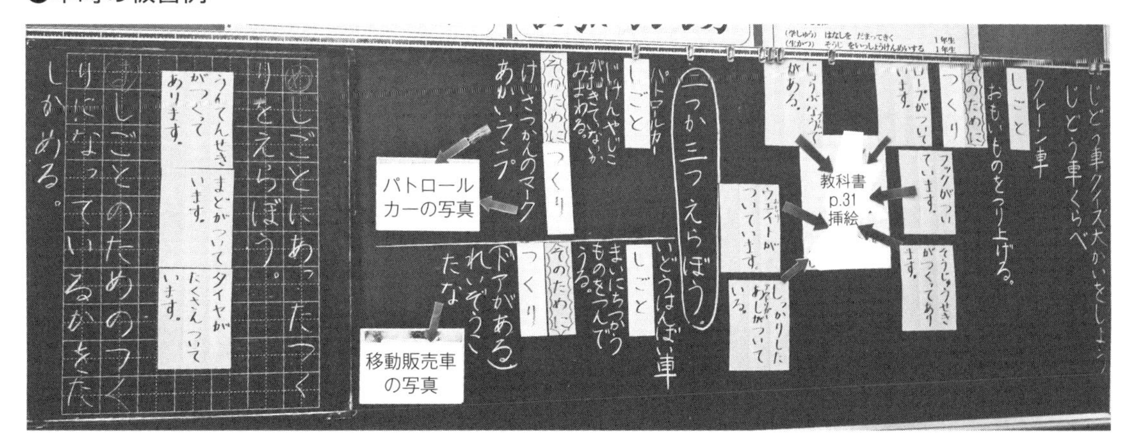

7　主体的・対話的で深い学びにつながる指導と評価のポイント

❶指導のポイント

並行読書材選定のポイントとして，自動車の仕事やつくりがはっきりと分かりやすいものを探し，子供たちに提示した。具体的には，『はたらくじどう車スーパーずかん』や『はたらくじどう車しごととつくり』である。

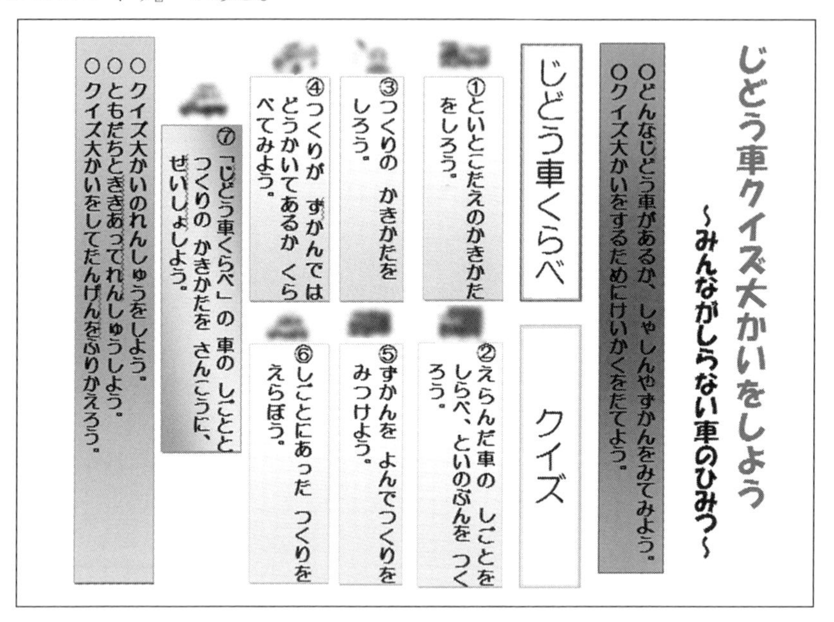

単元計画

教材文の「しごと」を赤で囲み，「つくり」を青で囲む作業をした後で，図鑑から自分の選んだ車の「しごと」をピンクの付箋に，「つくり」を水色の付箋に書き抜くことで視覚的にも分かりやすくした。

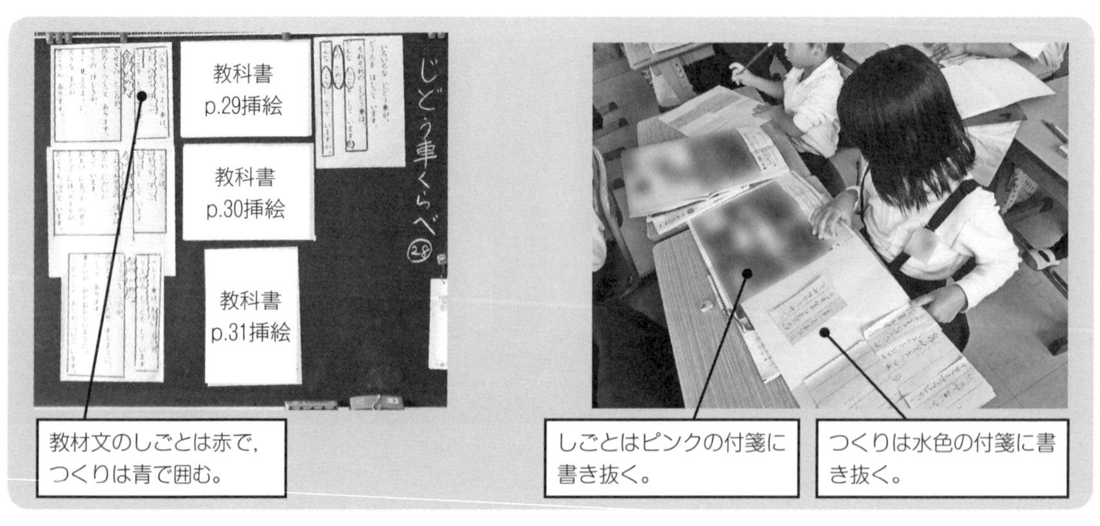

教材文で書いてあることが，図鑑ではどこにどのように書いてあるかを見付け，「しごと」や「つくり」を図鑑から見付けられるようにした。

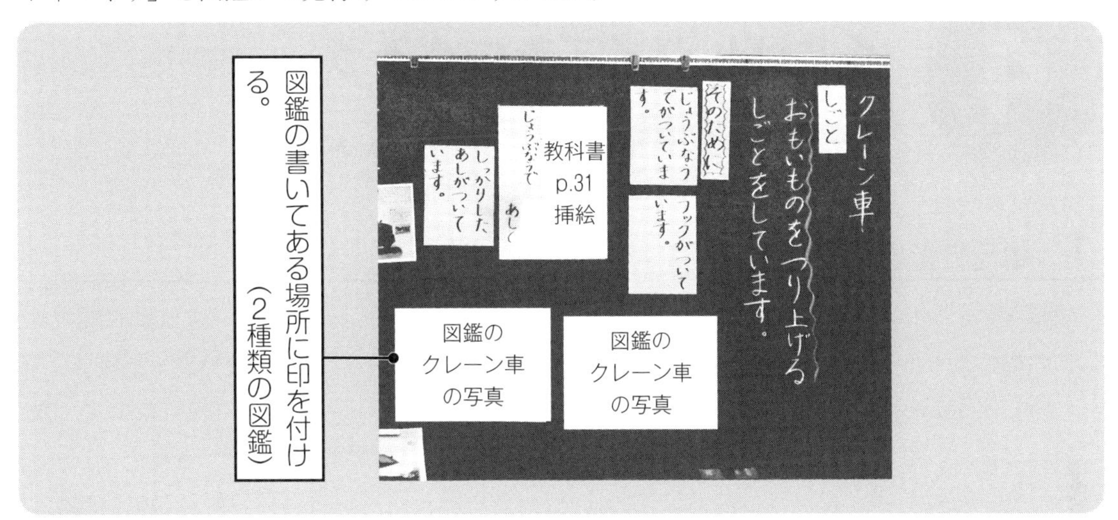

❷評価のポイント

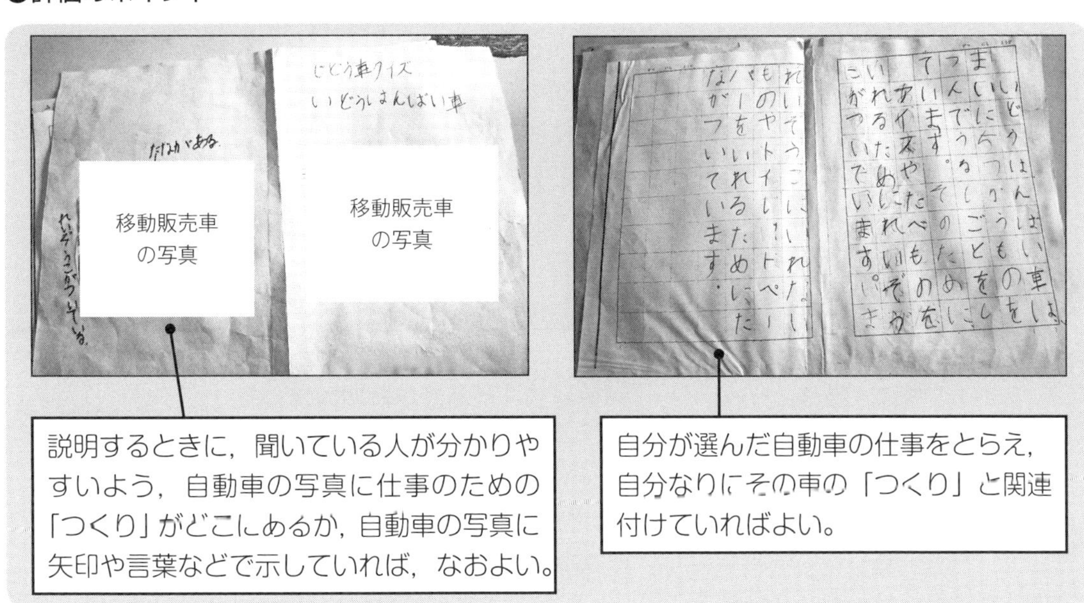

この学習を終えて，どんなときに図鑑を使うとよいと思うかという振り返りでは，「何か調べたいとき」や「知りたいとき」という意見や「分からないとき，図鑑がたよりになりました」という感想があった。このことから，「知識を得るために，本や文章を読もうとしている」姿が実現できたと考える。

（竹原　知奈美）

【参考文献】
・「小学校学習指導要領解説　国語編」文部科学省
・「小学校国語科映像指導資料」国立教育政策研究所　pp.6-7

くちばしクイズをつくろう

【時間数】全10時間・【教材名】くちばし（光村図書１年上巻）
【関連教材】鳥のくちばし図鑑　たべる・はこぶ・つくる（岩崎書店）他

1　単元の指導目標

○図鑑などを楽しんで読み，読書に親しむことができる。（知・技(3)エ）
○文の中における主語と述語との関係に気付くとともに，助詞の「は」の使い方を理解して文の中で使うことができる。（知・技(1)ウ，カ）
○問いと答え，事柄の順序など情報と情報との関係について理解することができる。（知・技(2)ア）
○クイズの文章を書くことに向けて，問いと答えの順序を考えながら内容の大体をとらえたり，クイズの文章を書く上で重要な語や文を考えて選び出したりすることができる。（読むこと　ア，ウ）
○興味をもったことについて図鑑などから見付けたり，それらを説明したりすることに関心をもち，進んで図鑑を読んだり，分かったことを説明したりしようとすることができる。（学びに向かう力等）

2　単元の評価規準

知識・技能	思考力・判断力・表現力等	主体的に学習に取り組む態度
・図鑑などを楽しんで読み，読書に親しんでいる。（知・技(3)エ） ・クイズの文を書くことを通して文の中における主語と述語との関係に気付いている。（知・技(1)カ） ・助詞の「は」の使い方を理解し，クイズの文の中で使うことができる。（知・技(1)ウ） ・問いと答え，事柄の順序など情報と情報との関係について理解している。（知・技(2)ア）	「C読むこと」 ・クイズの文章を書くことに向けて，問いと答えの順序を考えながら内容の大体をとらえて文章を読んでいる。（ア） ・クイズの文章を書く上で重要な語や文を考えて選び出して読んでいる。（ウ）	・興味をもったことについて図鑑などから見付けたり，それらを説明したりすることに関心をもち，進んで図鑑を読んだり，分かったことを説明したりしようとしている。

3 単元について

本単元では，以下に挙げる学習指導要領における国語の内容，〔知識及び技能〕，〔思考力，判断力，表現力等〕「C読むこと」について扱い，文章の内容や，「問い」と「答え」という形式に気付いたり，自分の経験や知識とを結び付けたりしながら読む能力を身に付けさせるとともに，科学的な本に興味をもって読書しようとする態度を育てる。

〔知識及び技能〕
⑴ 言葉の特徴や使い方に関する次の事項を身に付けることができるよう指導する。
　ウ 長音，拗(よう)音，促音，撥(はつ)音などの表記，助詞の「は」，「へ」及び「を」の使い方，句読点の打ち方，かぎ（「　」）の使い方を理解して文や文章の中で使うこと。また，平仮名及び片仮名を読み，書くとともに，片仮名で書く語の種類を知り，文や文章の中で使うこと。
　カ 文の中における主語と述語との関係に気付くこと。
⑵ 話や文章に含まれている情報の扱い方に関する次の事項を身に付けることができるよう指導する。
　ア 共通，相違，事柄の順序など情報と情報との関係について理解すること。
⑶ 我が国の言語文化に関する次の事項を身に付けることができるよう指導する。
　エ 読書に親しみ，いろいろな本があることを知ること。

〔思考力，判断力，表現力等〕
C 読むこと
⑴ 読むことに関する次の事項を身に付けることができるよう指導する。
　ア 時間的な順序や事柄の順序などを考えながら，内容の大体を捉えること。
　ウ 文章の中の重要な語や文を考えて選び出すこと。

新学習指導要領対応ガイド

❶「内容の大体を捉える」ための指導の工夫

本事例は，指導事項アの「内容の大体を捉え」て文章を読むことをねらいの一つにしています。そのため，無目的にとらえさせるのではなく，クイズを作るために大づかみに「問い－答え」の照応になっている文章のつくりを確かめるという，読む目的を明確にしています。また，一つ一つの段落に時間をかけて読むのではなく，問いと答えをセットにして読んだり，図鑑からクイズにしたいことを見付けるために内容を大づかみに読んだりすることを繰り返して，確実な定着を図っています。

❷特別な支援を要する子供も含め，どの子も学ぶ価値を実感できるようにするための工夫

ユニバーサルデザインの視点を生かした授業改善のためには，全員一律に同じように読み取らせること自体を目的化するのではなく，付けたい読みの資質・能力を明確にした上で，子供が選んだり見付けたりできる学習機会を工夫する必要があります。自分の選んだ鳥のくちばしをクイズにしようとするエネルギーを引き出せるようにすることが一層大切になります。

4 言語活動とその特徴

本単元の言語活動として,「くちばしクイズをつくろう」を位置付けた。普段目にする様々な鳥に関心をもたせ,図鑑や絵本などから,その特徴的な「くちばし」を見て,鳥の名前を当てるクイズを作ることを活動とした。普段から交流のある6年生にクイズを出すという目的をもつことによって,意欲的に取り組むと考えた。

「くちばしクイズ」の作成の仕方を学習するために,教材文「くちばし」の文章から大切な言葉や文を考えながら読む学習を行う。このことによって,「C読むこと」の指導事項「ア　時間的な順序や事柄の順序などを考えながら,内容の大体を捉えること」を実現できると考えた。また,「くちばしクイズ」を作成するために必要となる図鑑や絵本を読むことを通して,「C読むこと」の指導事項「ウ　文章の中の重要な語や文を考えて選び出すこと」と〔知識及び技能〕(3)「エ　読書に親しみ,いろいろな本があることを知ること」が実現できると考えた。

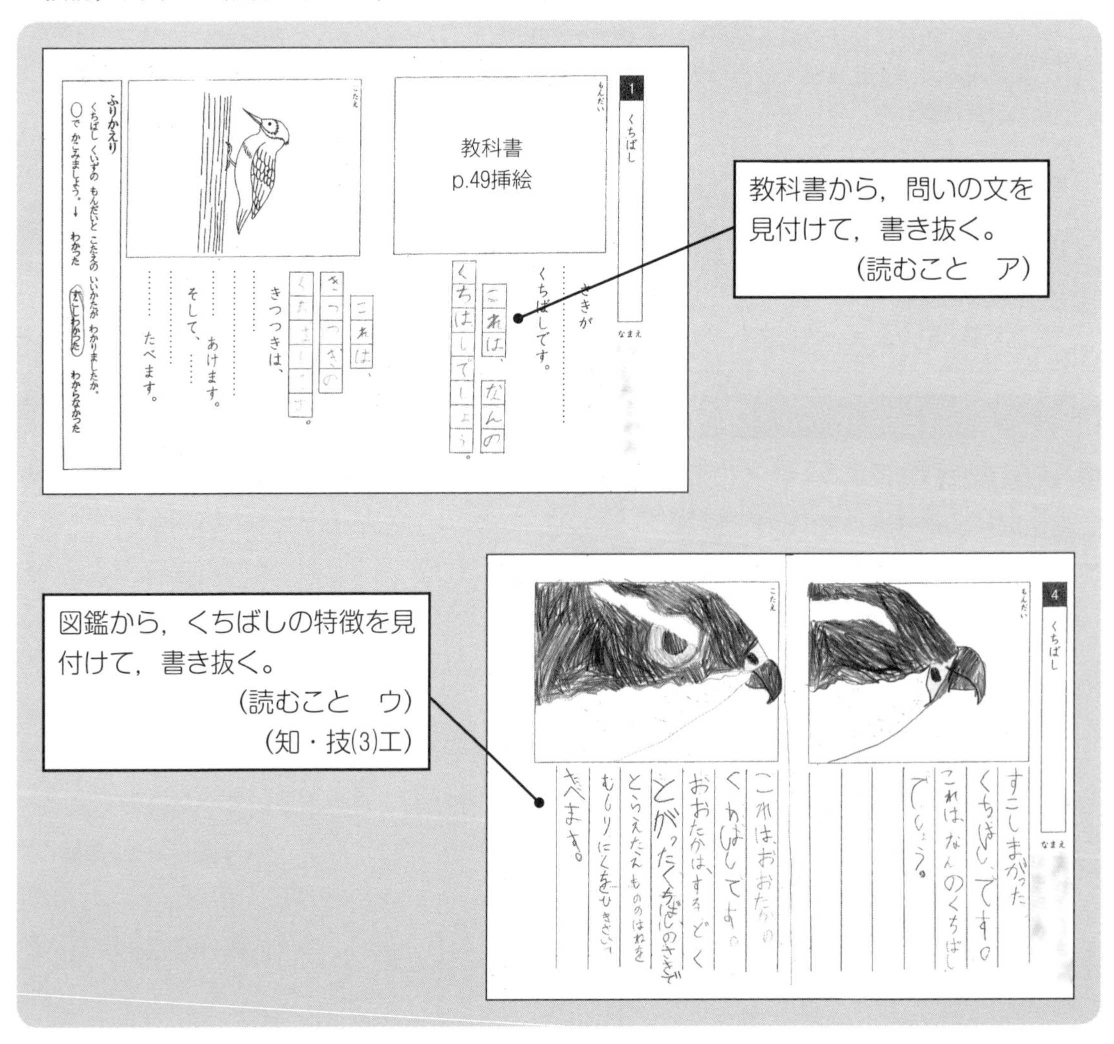

5 単元の指導計画（全10時間）

第1次

①くちばしについて知っていることを出し合う。

・「6年生にくちばしクイズを作って出す」というめあてをもつ。

第2次❶

②挿絵と文章を照らし合わせながら全文を音読する。

・クイズ作りに役立つことを挙げる。

③「問い」と「答え」という形式になっていることを見付ける。

・「問い」に青線,「答え」に赤線を引き, ワークシートに視写する。

④「問い」の前にくちばしの形が説明されていることに気付く。

・くちばしの形に着目し, ワークシートに視写する。

⑤「答え」の後にくちばしの使い方とえさについて説明されていることに気付く。（本時）

・くちばしの使い方とえさに着目し, ワークシートに視写する。

第2次❷

⑥すずめのくちばしで試しのくちばしクイズを作成する。

⑦⑧鳥の本や図鑑を読んで, 6年生に知らせたいくちばしを選び, 問題を考える。

第3次

⑨作成したくちばしクイズを用いて友達と問題を出し合う。

⑩自分たちで作ったくちばしクイズを6年生に出題し, 答えを当ててもらう。

6 本時の学習（本時５／10時）

❶本時のねらい

クイズを作ることに向けて「くちばし」が「問い」と「答え」の構成になっていることに気付き，内容の大体をとらえて読むことができる。（読むこと　ア）

❷本時の展開

時間	学習活動（○）と予想される子供の反応（・）	教師の指導，留意点（○）と評価（◇）とＵＤ（◆）
導入 10分	○教科書 p.53の写真を見て問題の言い方を考える。 ・先が細くて長いくちばしです。これは何のくちばしでしょう。 ・これは何でしょう。 ○本時のめあてを確認する。 くちばしくいずのもんだいとこたえのつくりかたをかんがえよう。	○問題の言い方を考えさせ，本時の学習課題をとらえさせる。
展開 30分	○教科書 p.53を音読する。（追い読み，一斉読み） ○問いの文に赤線を引く。 ・これはなんのくちばしでしょう。	○問いの文を見付けるのが難しい子供にはオウムの文を振り返らせる。 ◆全文掲示の問いの文にも赤線を引き，問いの文を確認しやすくする。
	○教科書 p.53の写真と文章を照らし合わせながら，はちどりのくちばしの特徴を押さえる。 ・ほそい　・ながくのびた　・ながい	○文章と絵の両方があることで分かりやすくなっていることに気付かせる。
	○教科書 p.54を音読する。（追い読み，一斉読み，ペア読み）	○ペアを見付けられない子供は教師と一緒に探させる。
	○答えの文に青線を引き，問いと答えという形式になっていることを確認する。 ・これは，はちどりのくちばしです。	○見付けるのが難しい子供にはオウムの文を振り返らせる。 ◆全文掲示の答えの文にも青線を引き，答えの文を確認しやすくする。
	○教科書 p.54の写真と文章を照らし合わせながら，はちどりのくちばしの使い方とえさを押さえる。 ・細長いくちばしを花の中に入れる　・花の蜜を吸う	○説明があることで分かりやすくなっていることに気付かせる。

	○クイズをつくる際のお手本となるように問いの文と答えの文をワークシートに視写する。 ○クイズを出題することにつながるように，「問い」と「答え」に分かれて役割読みをする。（ペア読み）	◆どの子供も学習の必要性を自覚できるように，視写している問いと答えの文が，これから作るクイズのお手本だという声かけをする。 ◇事柄の順序に気を付けながら，くちばしについての説明の内容の大体をとらえている。 （発言・ワークシート） ◇「なんのくちばしでしょう」という問いとそれに対する答えをとらえて読んでいる。 （読ア）（観察）
まとめ ５分	○本時を振り返り，次時の学習への見通しをもつ。	○問いと答えの文の形式を振り返り，くちばしクイズを作っていくことを伝える。 ◆どの子も学ぶ価値を自覚できるように，自分が選んだ鳥のくちばしについてのクイズを作るのだという見通しをもたせる。

❸本時の板書例

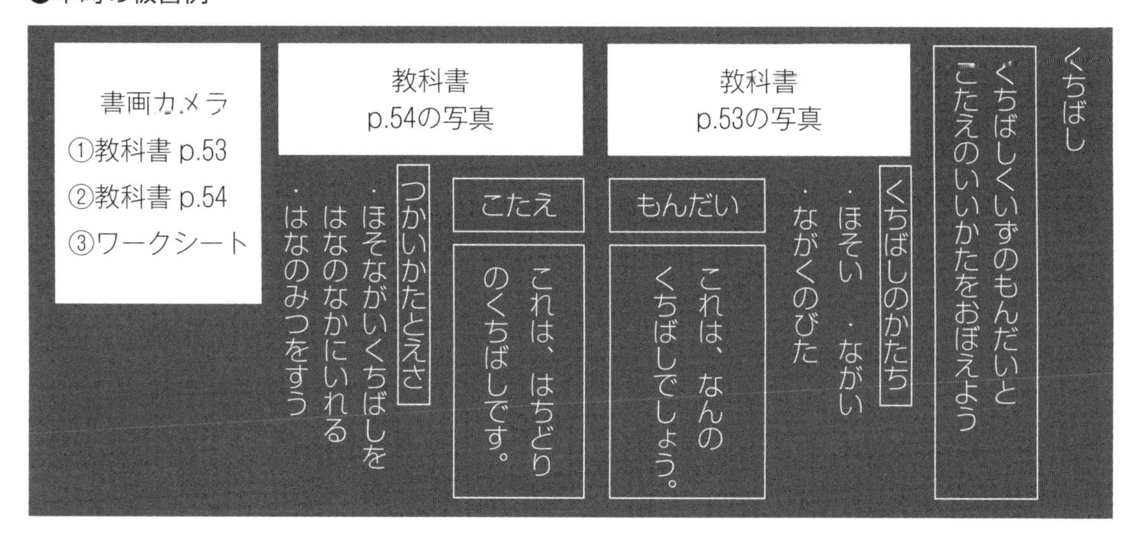

7　主体的・対話的で深い学びにつながる指導と評価のポイント

❶指導のポイント

＊本単元のはじめに，最終目的となる「くちばしクイズ」を子供に出した。子供は教師が作った「くちばしクイズ」に興味を示し，「もっとクイズを出して」と催促するほどであった。「次は，みんながくちばしクイズを作って，６年生に出したら楽しんでもらえそうだね」と話すと，「いいよ！」と反応し，本単元の学習課題が必然性の高いものとなった。

＊「くちばしクイズ」を作るために，絵本や図鑑，インターネットや動物のテレビ番組などにも関心をもたせるように声をかけた。次の日の朝読書の時間では，学級文庫に取りそろえた鳥図鑑や鳥の絵本を手に取る子供が見られた。

＊教材文の「くちばし」の題名を見た瞬間に，子供は鳥について話したいことが次々と湧き出してきた。そのタイミングで「トーキングタイム」に入った。隣の子供と向かい合って，互いに鳥について知っていることや，話したいことを交代で話す活動を行った。その際既習の「Ａ話すこと・聞くこと」の指導事項「ア　身近なことや経験したことなどから話題を決め，必要な事柄を思い出すこと」の能力を活用させた。

＊「くちばしクイズ」の「問い」と「答え」の文章を考えて書くときに，ひらがな表記が困難な子供のために，ひらがな表記表を数枚用意しておくと子供が必要感をもってひらがなを学びながら書き進められるため，効果的である。

＊ペア学習

「くちばしクイズ」作りでは，いつも２人ペアで学習を進めた。図鑑の中からくちばしの形の特徴や，使い方が書いてあるところを探して「問い」と「答え」を２人で分担して読むことにした。練習ではいつも２人ペアで学習を進めることができた。本番では，緊張しながらも自信をもって６年生に問題を出すことができた。

＊６年生を招待しての「くちばしクイズ大会」

朝学習の時間を利用して，小グループ（５，６人）ごとに「くちばしクイズ大会」を進めた。あまり聞き慣れない鳥の名前もあって，６年生は「難しい！」と言いながらも楽しんで答えを考えていた。

❷評価のポイント

問題作り

「おおたか」のくちばしクイズを作った子供は，くちばしの形や特徴を図鑑から見付けて読み「すこしまがったくちばし」ととらえることができた。続けて「これはなんのくちばしでしょう。」という文型を使って問題を作ることができた。答えの文では，「これは，おおたかのくちばしです。」という文型を使って答えを作り，続けて「するどくとがったくちばしのさきで，とらえたえもののはねをむしり，にくをひきさいてたべます。」のようにくちばしの使い方とえさについて図鑑から見付けて読むことができていた。

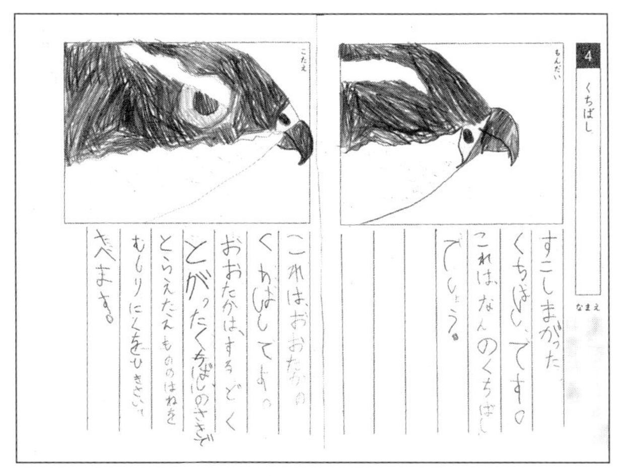

ずかんで　くちばしのかたちを　しらべたよ

「くちばしクイズ大会」

６年生を招待しての「くちばしクイズ大会」では，これまでは人の前に出て発表をしようとすると緊張で泣き出してしまっていた女子が，６年生の前で問題を読むことができていた。言語活動によって作り出した問題を出し，６年生が楽しんでくれたという経験ができたことによって，さらに自信がもてる活動となった。

これはなんのくちばしでしょう

（山本　千秋・木下　聖子・曽我　慎太郎）

【参考文献】
『鳥のくちばし図鑑　たべる・はこぶ・つくる』岩崎書店，2007年

お話の家を作って，お気に入りを紹介しよう

【時間数】全11時間・【教材名】ずうっと，ずっと，大すきだよ（光村図書1年下巻）
【並行読書材】ないしょのかくれんぼ（ほるぷ出版），どうながのプレッツェル（福音館書店）他

1　単元の指導目標

○好きな物語やお気に入りの場面を探しながらいろいろな物語を読み，読書に親しむことができる。（知・技(3)エ）

○身近なことを表す語句の量を増し，読んだり書いたりすることで語彙を豊かにすることができる。（知・技(1)オ）

○好きな場面やそのわけを紹介するために，場面の様子や登場人物の行動など，内容の大体をとらえたり，好きな場面の様子に着目して，登場人物の行動を具体的に想像したりすることができる。（読むこと　イ，エ）

○文章に対する感想を伝え合い，自分の文章の内容のよいところを見付けることができる。（書くこと　オ）

○物語を読む楽しさを味わいながら，自分や友達が見付けた物語のよさを伝え合おうとすることができる。（学びに向かう力等）

2　単元の評価規準

知識・技能	思考力・判断力・表現力等		主体的に学習に取り組む態度
	「C読むこと」	「B書くこと」	
・好きな物語やお気に入りの場面を探しながらいろいろな物語を読み，読書に親しんでいる。（知・技(3)エ） ・身近なことを表す語句の量を増し，読んだり書いたりすることで語彙を豊かにしている。（知・技(1)オ）	・好きな場面やそのわけを紹介するために，いろいろな本を読み，表紙や挿絵などを手がかりにしながら場面の様子や登場人物の行動など，内容の大体をとらえている。（イ） ・好きな場面の様子に着目して，登場人物の行動を具体的に想像し，好きなわけを明らかにしている。（エ）	・文章に対する感想を伝え合い，自分の文章の内容のよいところを見付けている。（オ）	・物語を読む楽しさを味わいながら，自分や友達が見付けた物語のよさを伝え合おうとしている。

3 単元について

「ずうっと，ずっと，大すきだよ」は，子供たちにとって身近な動物である犬の話であり，主人公「ぼく」に自分を重ねて読むことができる教材であると考える。一緒に大きくなっていくぼくとエルフの姿に親しみを感じたり，エルフの死という出来事に深く心をゆさぶられたりしながら，物語を読むことの楽しさに触れることができる。子供たちには，物語に対しての思いを膨らませながら，読み進めることを期待している。

本単元では，お気に入りの場面を紹介するために，「ぼく」の気持ちを中心に考えながら読み進め，「お話の家」を作る学習活動を設定した。「お話の家」とは，題名や登場人物，お気に入りの場面などを，屋根や窓といった家のパーツに書き，１つの物語を１つの家で紹介するものである。

第１次では，教師が作った「お話の家」による本の紹介を聞き，「お話の家」のつくりや学習課題を見通した。また，並行読書のための絵本（25冊）を学級文庫として設置し，読み聞かせを行いながらすべての本に触れることができるようにした。

第２次では，「ずうっと，ずっと，大すきだよ」のお気に入りの場やそのわけを見つけて読み，「お話の家」を作成した。お気に入りの場面を決めるときに，エルフが死んでしまう悲しい場面を選び，“エルフが死んだときの悲しい気持ちが分かる”というわけを例として紹介し，自分の気持ちや経験と絡めて場面を選んだり，わけを書いたりすることを伝えた。

第３次では，並行読書した本の中からお気に入りの本をペアで選ばせ，「お話の家」を作った。「お話の家」は１人１つ作成し，お気に入りの場面を決め，そのわけを書き，クラスで紹介し合った。友達の紹介を聞き，紹介された本を読んだ感想を手紙に書いて相手に伝えた。

新学習指導要領対応ガイド

❶読む絶対量を確保するための指導の工夫

いろいろな物語を読む読書体験は，１年生にとっての読む能力を高める基盤となります。本事例では，そうした機会を意図的に設定しています。日常的に読書をする環境に恵まれない子供のためにも，限られた教材文だけを時間をかけて読ませるのではなく，読むことの絶対量を確保していくことが重要になります。

❷「大好き！」「お気に入り」を生かして場面の様子に着目させる指導の工夫

本事例でねらいとしている読むことのエには，「場面の様子に着目して」読むことが示されています。場面の様子に着目するのは子供です。つまり子供自身が「この場面に着目して読むんだ」という思考・判断を伴う読みの能力を育成するのです。そのため本事例では，１年生の実態を的確に踏まえて，「大好き！」や「お気に入り」といった読むことに主体的に向かう意識を重視して，「この場面が大好き！」などと自ら場面の様子に着目できるようにしています。

4 言語活動とその特徴

本単元では，自分で本を読み，お気に入りの場面を「お話の家」を作って紹介することを言語活動として行った。「お話の家」とは，下の写真のように，題名や登場人物，お気に入りの場面などを，屋根や窓といった家のパーツに書き，１つの物語を１つの家で紹介するものである。中央の扉を開くと，お気に入りの場面と選んだわけが書かれている。また，本の紹介を聞いた子供が，紹介された本を読み，その本を読んだ感想を手紙に書き，投函するためのポストを下部に付けた。

このことによって，本単元でねらう，「C読むこと」の指導事項「イ　場面の様子や登場人物の行動など，内容の大体を捉えること」と「エ　場面の様子に着目して，登場人物の行動を具体的に想像すること」が実現できると考えた。また，本を読んだ感想を手紙に書き，ポストに投函することによって，「B書くこと」の指導事項「オ　文章に対する感想を伝え合い，自分の文章の内容や表現のよいところを見付けること」の実現も可能なのではないかと考えた。

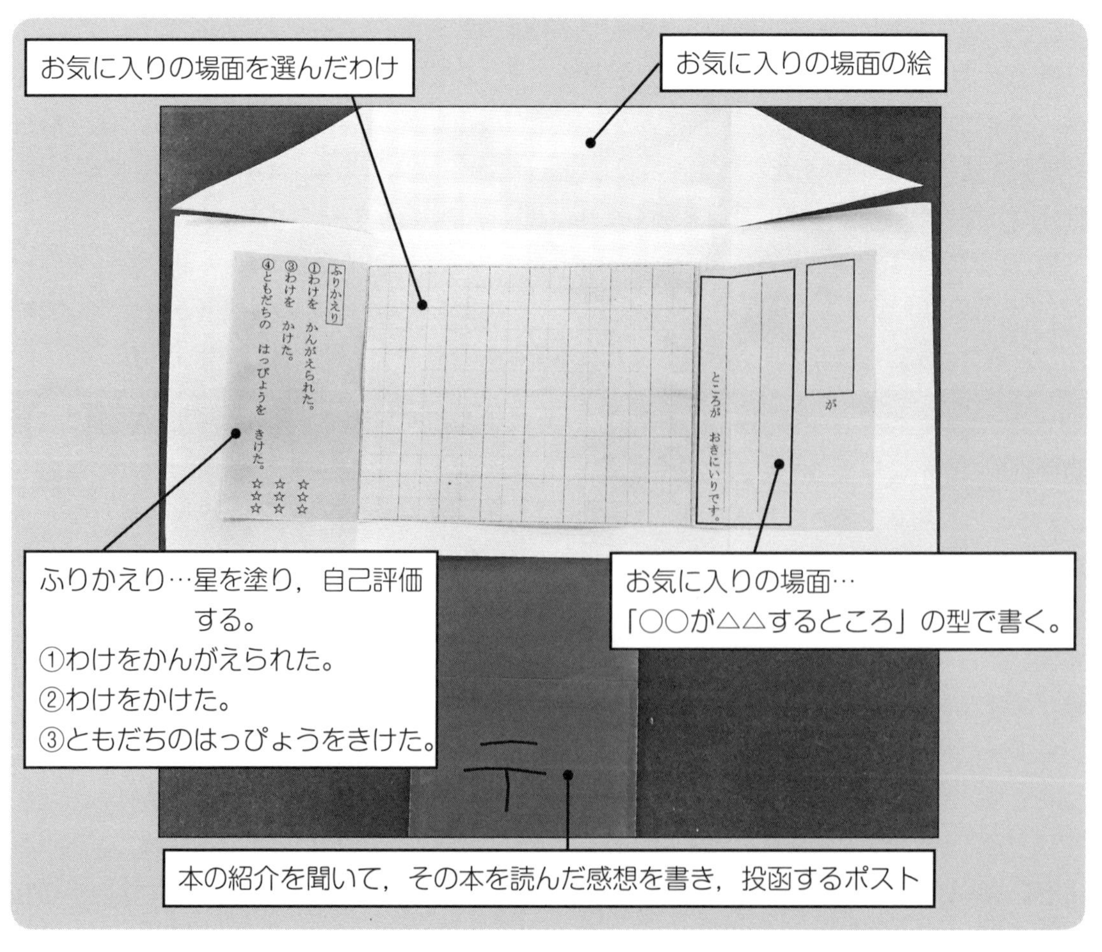

5　単元の指導計画（全11時間）

第0次 並行読書

　朝の読書や読み聞かせ等を利用して，いろいろな本（25冊）を読み，お気に入りの本を見付けていく。

第1次

①教師の「お話の家」による本の紹介を聞き，学習課題を考える。

- 「お話の家」のつくりを知る。
- 「ずうっと，ずっと，大すきだよ」の読み聞かせを聞く。
- 読み聞かせを聞いた感想を書く。
- 学習課題を設定する。
  「お気に入りの本を紹介しよう」

第2次

②教材文を読み，物語の展開をつかむ。（登場人物や出来事等）

③④⑤お気に入りの場面を見付け，そのわけを考える。

（ワークシート）

- エルフと寝ている場面
- エルフが病気になった場面
- エルフが死んで，ぼくが動物に囲まれている場面

⑥⑦選んだ本のお気に入りの場面を見付けて,「お話の家」を作る。

- 題名，作者名
- お気に入りの場面の絵
- お気に入りの場面
- お気に入りの場面を選んだ理由

⑧ペアやグループで「お話の家」を発表し合い，感想を伝え合う。

第3次

⑨⑩「お話の家」を作成し，友達に紹介する。　（本時⑩）

- 題名や登場人物を書く。
- お気に入りの場面を書く。
- お気に入りの場面を選んだわけを書く。

⑪自分たちが作った「お話の家」を見せながら，本の紹介をする。

- 友達の本の紹介を聞いて，思ったことを感想カードに書き，ポストに入れる。

6　本時の学習（本時10／11時）

❶本時のねらい

登場人物の行動を基に，お気に入りの場面を選んだわけを見付けることができる。

（読むこと　エ）

❷本時の展開

時間	学習活動	主な発問（○）と指示（△）	指導上の留意点（・）と評価（◇）
５分	1．ペアでお気に入りの本を丸読みする。	△お話を思い出すために，お気に入りの本を隣の人と丸読みしましょう。	・右の席の子供から読ませる。
３分	2．めあてを確認する。	△「お話の家」にわけを書いたら完成ですね。今日のめあてを読みましょう。	
	おきにいりのばめんをえらんだわけをかこう。		
10分	3．お気に入りの場面を選んだ理由をカードに書く。	○どうしてその場面が好きなのか，わけを書きましょう。 △終わったら見直しをして，筆箱を片付けましょう。 ★お助けカード 「～うれしいからです。」 「～たのしいからです。」 「～おもしろいからです。」 「～きもちがわかるからです。」	・教師の作成した「お話の家」を提示し，わけの書き方を想起させる。 ・わけを書くときの文型（どうしてかというと～からです。）を確認する。 ・必要に応じてお助けカードを配る。 ◇お気に入りの場面を選んだわけを見付けている。（読エ）

10分	4．書いた内容をペアで発表し合う。	△隣の人に「お話の家」を紹介しましょう。 △ペア同士で向き合って発表しましょう。	・交流するときに気を付けることを確認する。
10分	5．数人の子供が発表する。	△今度はクラスのみんなに「お話の家」を紹介しましょう。	・子供が選んだお気に入りの場面を音読させ，聞いている子供に，「そのわけを知りたい」という気持ちをもたせる。 ・発表を聞いて，紹介された本をもう一度読みたいという意識をもたせる。
7分	6．振り返りを書く。	△振り返りの星マークを塗りましょう。	・教師のお話の家のポストに入っていた手紙を紹介し，本を読んで感想を書く活動に向けての意欲付けをする。

❸本時の板書例

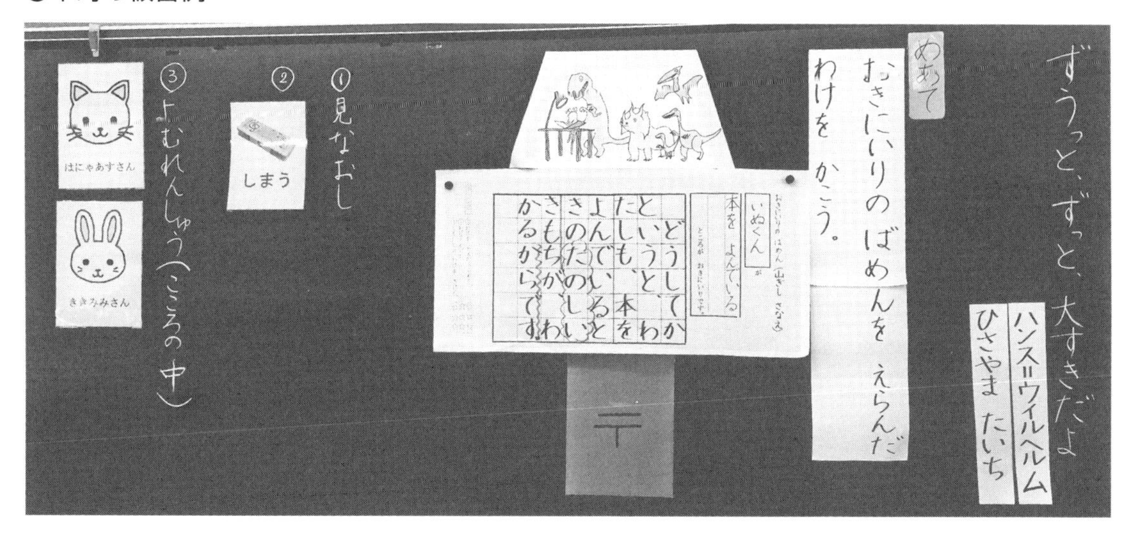

7　主体的・対話的で深い学びにつながる指導と評価のポイント

❶指導のポイント

本単元で用いた「お話の家」の構造

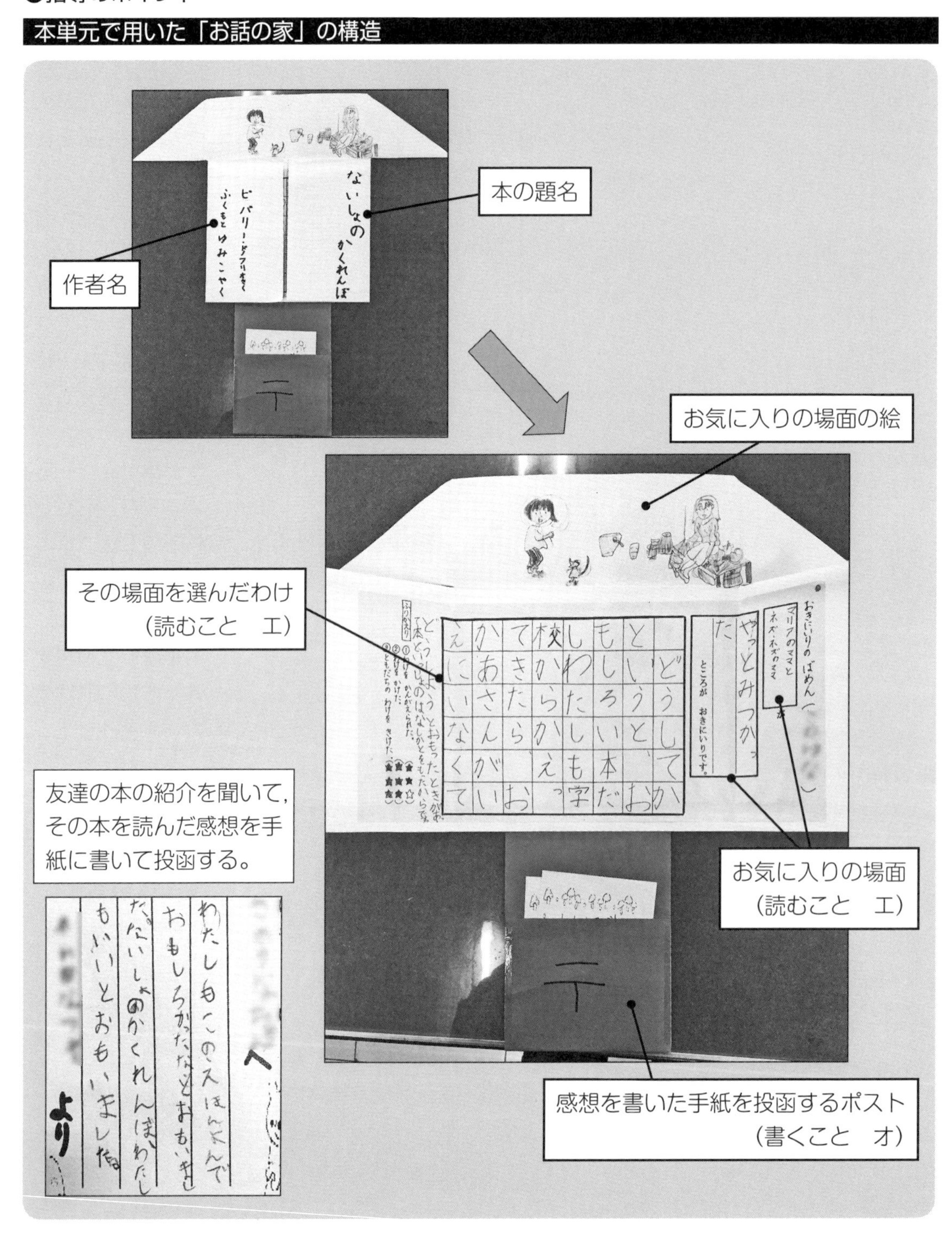

❷評価のポイント

本時に至るまでの指導

本単元では，お気に入りの場面を見付け，その場面を選んだわけを書くという学習活動に重点を置いて取り組んできた。本時に至るまでに前単元の物語文の「くじらぐも」で「おはなしマンション」を作った。これは，お気に入りの場面が同じ同士のグループで，その場面を選んだわけの部分だけをつなぎ合わせたものである。「ずうっと，ずっと，大すきだよ」では１人１つの「お話の家」を作成した。また，「ハンバーグとからあげ，どっちが好き？」と発問し，どちらかを選択させ，その理由をペアで伝え合う「どっち好きゲーム」という遊びを通して，理由を言うことや伝え合うことへの習熟を図ってきた。

本単元で用いた並行読書（一部）

本単元では，「ずうっと，ずっと，大すきだよ」とともに，25冊の本を扱った。

『ないしょのかくれんぼ』（ビバリー・ドノフリオ）（ほるぷ出版）
『どうながのプレッツェル』（マーグレット・レイ）（福音館書店）
『かえりみち』（あまんきみこ）（童心社）
『しろいうさぎとくろいうさぎ』（ガース・ウイリアムズ）（福音館書店）
『ともだちや』（内田麟太郎）（偕成社）
『ことりだいすき』（なかがわ　ちひろ）（偕成社）
『100万回生きたねこ』（佐野洋子）（講談社）
『ろくべえまってろよ』（灰谷健次郎）（文研出版）
『ふゆじたくのおみせ』（ふくざわ　ゆみこ）（複音館書店）
『しんせつなともだち』（方軼羣）（複音館書店）
『たこのコータ』（星野はしる）（ひさかたチャイルド）　他

いずれも，登場人物が動物で，思いやりや優しさをテーマとして描かれている作品を，学校司書教諭に選出してもらった。これらの本は，学級文庫として設置する他，読み聞かせを行い，すべての絵本に触れる機会をつくった。本を読んだ感想として，「おもしろかった」「楽しかった」という声が多かったが，読書量が増えるにつれて「わたしも分かる」「こんなこと僕もしたことがある」と，自分の経験と絡めながら読書を楽しむ子供が増えてきた。一方で，本を読むことに抵抗がある子供もいた。そこで，本単元で作成した「お話の家」におけるお気に入りの本は，ペアになって１冊の本を選び，２人で１冊の本を読む（共有する）スタイルで実践した。それは，読書への抵抗感が軽減されるのではないかと考えたからである。また，ペア同士で同じ本を読んでいるのに，お気に入りの場面が違っていたり，お気に入りの場面は同じでもわけが違っていたりすることから，感じ方や考え方の違いに出合い，「なるほど」と納得させられる子供もおり，本を読む楽しさを再発見した様子が見られた。　（山岸　早苗）

「わくわくみっけブック」でともだちにしらせよう

【時間数】全10時間・【教材名】たぬきの糸車（光村図書1年下巻）・【関連図書】ねずみのすもう（くもん出版），うまかたとこだぬき（教育画劇），ラチとらいおん（福音館書店），きつねのおきゃくさま（サンリード）

1　単元の指導目標

◎いろいろな物語を読み，好きな作品や好きなところを見付けるなどして，読書に親しむことができる。　（知・技(3)エ）

○身近なことを表す語句の量を増し，話や文章の中で使うとともに，語彙を豊かにすることができる。　（知・技(1)オ）

○お気に入りの場面の様子に着目し，好きなわけを登場人物の言動を具体的に想像して考えたり，自分の実体験や読書体験と結び付け，自分の考えをもったりすることができる。　（読むこと　エ，オ）

○物語のお気に入りのところを紹介するために，いろいろな本を読もうとしたり，好きな場面を探したり好きなわけをはっきりさせながら本を繰り返し読もうとしたりすることができる。　（学びに向かう力等）

2　単元の評価規準

知識・技能	思考力・判断力・表現力等	主体的に学習に取り組む態度
・いろいろな物語を読み，好きな作品や好きなところを見付けるなどして，読書に親しんでいる。（知・技(3)エ） ・読書したり読んだ感想などを表現したりすることを通して，登場人物の様子を説明したり感想を述べる際に用いたりする身近な語句の量を増し，語彙を豊かにしている。（知・技(1)オ）	「C読むこと」 ・物語のお気に入りのところを紹介するために，お気に入りの場面の様子に着目し，好きなわけについて登場人物の言動を具体的に想像して考えている。（エ） ・物語のお気に入りのところを紹介するために，自分の実体験や読書体験と結び付けて，物語の大好きなところなどについて自分の考えをもっている。（オ）	・物語のお気に入りのところを紹介するために，いろいろな本を読もうとしたり，好きな場面を探して好きなわけをはっきりさせながら本を繰り返し読もうとしたりしている。

3　単元について

❶子供について

「読むこと」については，前単元までに，挿絵を基に物語の大体の流れをつかむ学習や，挿絵に吹き出しを付けて読んだり，大好きなところを見付けたりして，想像を広げ楽しみながら読む学習に取り組んできている。子供たちは，友達と一緒に本を手に取り，楽しく会話し，物語の好きなところを見付けられるようになってきている。しかし，物語と自分の経験をつなぐことは，まだ十分と言えない。生活経験が少ないことや経験したことを忘れてしまっているためと思われる。また，語彙が少なく十分に思いを膨らませられずにいる子供がいる。

❷単元について

本単元は，小学校学習指導要領「C 読むこと」の「エ　場面の様子に着目して，登場人物の行動を具体的に想像すること」，「オ　文章の内容と自分の体験とを結び付けて，感想をもつこと」を主なねらいとしている。

本単元では，主教材として「たぬきの糸車」を取り扱う。本教材は，登場人物がたぬきである。登場人物に同化しやすいこの時期の子供にとって，たぬきと同化し，自由にたぬきの言葉を考えることで，登場人物の行動を中心に想像を広げながら読むことに適した教材である。さらにおかみさんの言葉を合わせて考え，「いたずらもんだが憎めない」たぬきの行動の変化と自分たちの経験を結び付けることで，お気に入りのところを見付けて読むことができると考える。また，関連図書でも，動物が出てくる話を取り上げることで，教科書教材と同様に想像を広げ興味をもって読み進めることが期待できる。

新学習指導要領対応ガイド

❶好きな「場面の様子に着目」できるようにするための指導の工夫

読書量が少ない子供は，「好きなところを見付けよう」と促しても，好きなところが見付けられなかったり，細部の叙述だけに反応してしまったりして，物語全体から好きな場面や叙述を見付けられないことがあります。物語全体を俯瞰して「場面の様子に着目」できるようにするため，本事例では全文掲示を効果的に使っています。お互いの好きなところとそのわけを紹介し合うことで，好きなところを物語全体から見付けられるようにしているのです（p.85「本時の板書例」参照）。こうした工夫は，とりわけ読むのが苦手な子供たちを支援するための指導の工夫として有効です。

❷楽しんで読書をする，本が大好きな子供を育てるための工夫

新学習指導要領における低学年の「学びに向かう力，人間性等」に関する目標には，「楽しんで読書を」することが掲げられています。読むことの学習指導が，こうした目標の実現に向かうよう，本事例でも関連図書を読む学習を適切に位置付けています（p.86写真参照）。

4　言語活動とその特徴

❶付けたい力と単元を通して位置付ける言語活動

本単元では，物語の展開からお気に入りのところを登場人物の行動を中心に見付け，自分の読書体験や実体験と結び付けて読む力を付けることをねらっている。

単元を通して位置付ける言語活動として，民話・昔話・動物が出てくる本を読み，自分の一番のお気に入りのところを「わくわくみっけブック」にまとめ，お話会「お気に入り聞いての会」で紹介する活動を行う。「わくわくみっけブック」は，主に「人物」「おはなし」「一ばんのお気に入りのところ」「わけ」で構成する。

❷言語活動がもつ特徴

1年生の子供が物語を読んで，「ここが好き！」と思うのは，自分の感覚やこれまでの経験，登場人物の言動などから心に響いたところと出合ったときである。そこで，「一番のお気に入り」を見付け，その理由を考えるために，登場人物の行動を手がかりに想像を広げて読み，自分の経験などと結び付けて読むことを目指している。また，「わくわくみっけブック」にまとめ，友達と自分の好きなところを紹介し合うことで，自分の「大好き！」が明確になり自分の思いを深めるとともに，友達の思いや考えに触れ，読みを広げていくことができる。

❸単元の目標との結び付き

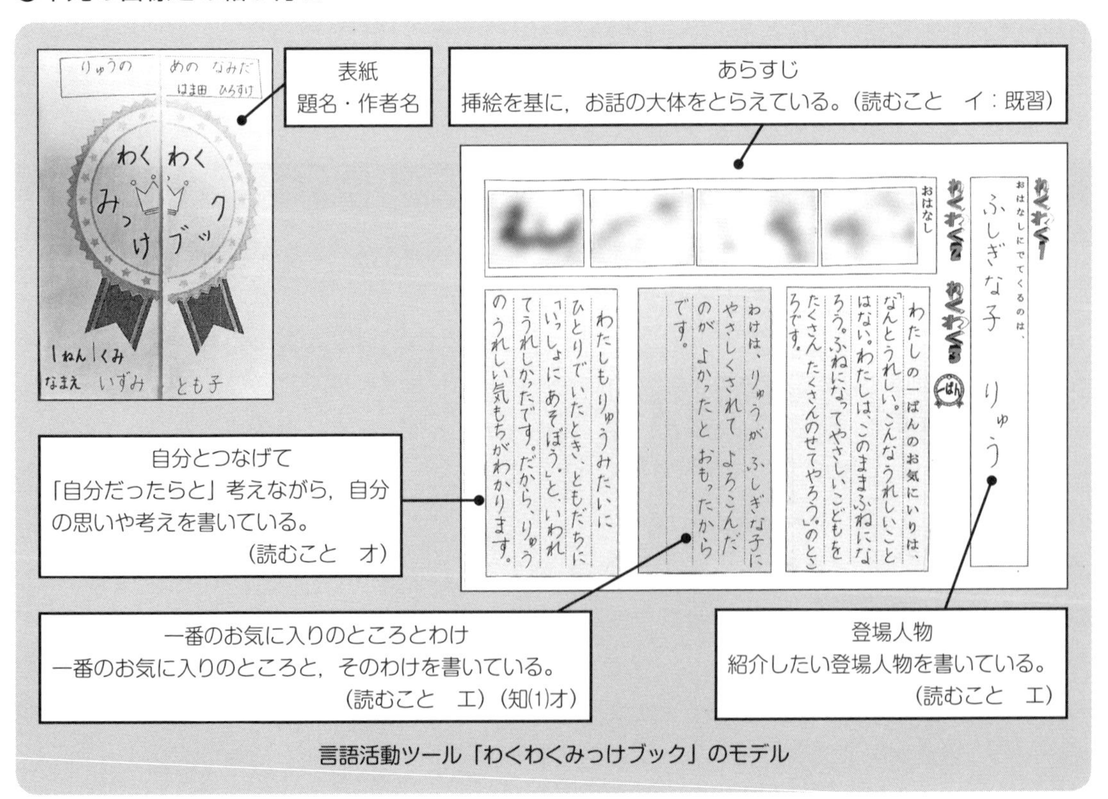

言語活動ツール「わくわくみっけブック」のモデル

5 単元の指導計画（全10時間）

第1次

①昔話の本の読み聞かせを聞き，教師が作成した「わくわくみっけブック」のモデルを見て学習のイメージと，他のクラスと合同のお話会への見通しを具体的にもつ。

・教師が提示した関連図書を読んで，お話を選ぶ。

第2次❶

②お話会に向けて「たぬきの糸車」の読み聞かせを聞いて登場人物を確認し，登場人物がしたことを見付け，挿絵を基に，お話の大体をとらえる。

③「選んだ本」を読み，登場人物を確認し，登場人物がしたことを見付け，挿絵を基にお話の大体をとらえる。

④お話会に向けて，「たぬきの糸車」の好きなところに「なりきり吹き出し」を当てながら音読し，登場人物の思いを想像する。いくつかの好きなところに付箋を（全文掲示に）貼り，わけを考える。

⑤お話会に向けて，「選んだ本」の好きなところに「なりきり吹き出し」を当てながら音読し，登場人物の思いを想像する。いくつかの好きなところに付箋を（本に）貼りわけを考える。

⑥お話会に向けて，「たぬきの糸車」の一番のお気に入りのところを，自分なりのわけを明らかにして見付ける。教科書教材での学びを生かし，「自分が選んだ本」で一番のお気に入りのところを見付ける。（本時）

第2次❷

⑦お話会に向けて，「たぬきの糸車」の一番のお気に入りのところとそのわけ，登場人物と自分をつなげた感想をノートにまとめ，友達に紹介する。

⑧お話会に向けて，「自分が選んだ本」の一番のお気に入りのところとそのわけを明らかにし，登場人物と自分をつなげた感想を「わくわくみっけブック」に書く。

⑨お話会の進め方を確認する。

第3次

⑩お話会で「わくわくみっけブック」を使って，自分が選んだ本の一番のお気に入りを紹介しながら，民話や昔話等を楽しむ。

・自分の身に付いた力をノートに書く。

6　本時の学習（本時６／10時）

❶本時のねらい

友達と交流することで場面の様子や登場人物の行動，自分の経験や読書体験との結び付きなど，自分なりのわけを明らかにして，お話の中から一番のお気に入りを選ぶことができる。

（読むこと　エ）

❷本時の展開

時間	学習活動	主な発問や指示（○） 指導上の留意点（・）と評価（◇）	備考
５分	１．本時の課題をつかむ。　【一斉】	・学習計画表を基に本時のめあてと学習の進め方を確認する。	学習計画表
	おはなしの「金メダルをあげたいところ」（一ばんのお気にいり）を見つけよう。		
20分	２．好きなところを出し合い，そのわけを考える。	・全員の好きなところが視覚的に分かるように，好きなところに記名した付箋を貼った全文掲示をしておく。	全文掲示
	(1)「たぬきの糸車」で選んだ複数の好きなところを確認する。　【ペア】	・全文シートで，自分の好きなところを確認する。	全文シート
	(2)友達の好きなところとそのわけを聞いて，自分の好きなところとそのわけを明らかにしていく。　【ペア】　【一斉】	・友達のよいところを取り入れるために友達の考えを聞くようにする。 ・登場人物の行動や気持ちと自分の体験とを結び付けて想像を広げるために共通体験を取り上げ交流させる。 ・上手になったときの気持ちを思い出すきっかけをつかむために作品等を見せる。	作品 けん玉
15分	３．交流したことを基に，自分の一番のお気に入りを選び，友達に伝える。	・金メダルを選ぶときの自分なりの視点（心に残ったところ）を明らかにするために，何に着目すればよいか，手がかりを共通理解できるようにする。 ○あなたが選ぶ金メダルは，お話の中のどんなところですか。	
	(1)金メダルのところを選び，赤	・全員の金メダルのところが視覚的に	

<table>
<tr><td></td><td>線で囲み，全文掲示に付箋を貼る。【個人】
(2)金メダルのところとそのわけを伝える。【ペア】</td><td>分かるように，全文掲示に付箋（記名）を貼るようにする。
・大好きを広げるために友達の選んだわけを聞くようにする。
○友達の選んだわけを聞いて，大好きをもっと広げましょう。
・自分の選んだ本から一番のお気に入りを見付けるようにする。</td><td>全文シート
全文掲示
付箋
語彙カード</td></tr>
<tr><td></td><td colspan="2">◇読エ（発言・付箋・シート）
B：交流を通し，場面の様子や登場人物の行動，自分の経験や読書体験との結び付きなど，自分なりのわけを明らかにして，お話の一番のお気に入りのところを選んでいる。
（Bに達しない子への手立て）
交流や語彙カードから，自分の思いに近いものを考えさせるようにする。</td><td></td></tr>
<tr><td></td><td>4．自分の選んだ本の好きなところから金メダルのところを選び，付箋に印を付ける。【ペア】</td><td></td><td>関連図書</td></tr>
<tr><td>5分</td><td>5．本時の学習をまとめる。</td><td>○見付けた金メダルは，お話の中のどんなところでしたか。</td><td></td></tr>
</table>

❸本時の板書例

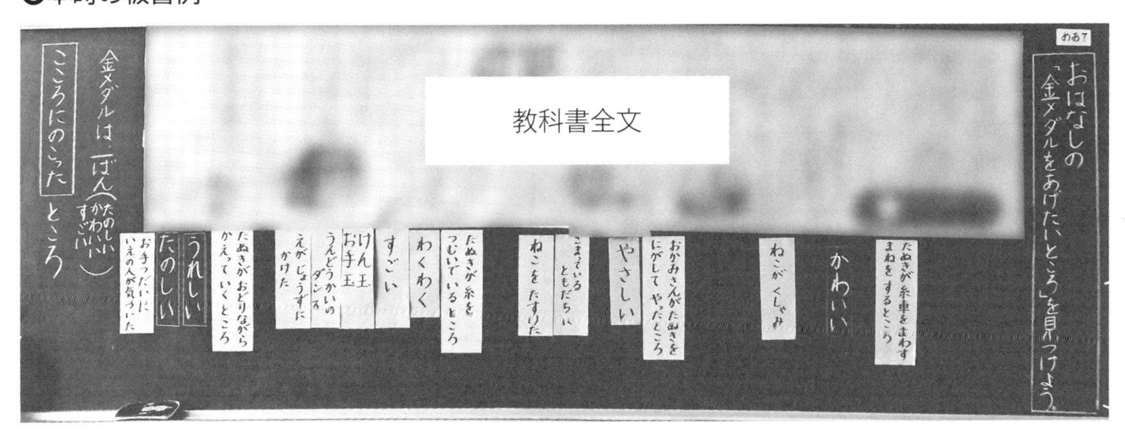

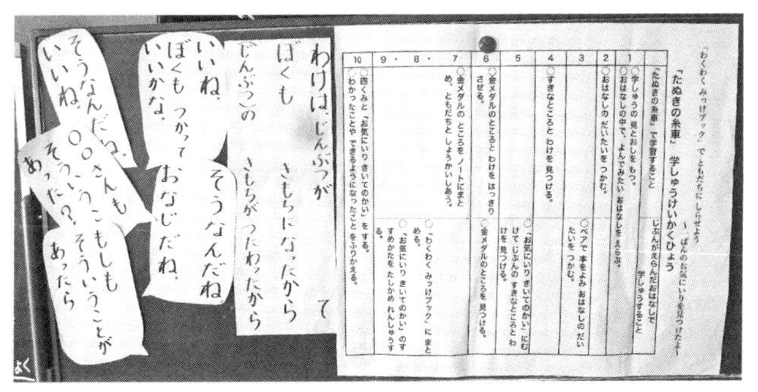

7　主体的・対話的で深い学びにつながる指導と評価のポイント

❶指導のポイント

ツールの開発

学習指導要領を基に「身に付けたい力」を見極め，目的意識や相手意識をはっきりともたせる。教科書教材と関連図書を行ったり来たりしながら「身に付けたい力」の定着を図り，子供が主体的に活動ができる言語活動を開発する。

ツール

単元計画の工夫

ツールのモデルを学習の第１次で提示することで，単元のゴールをイメージできるようにする。単元計画では，１単位時間ごとに教科書教材と関連図書教材を交互に学習したり，１単位時間の中で，教科書教材での読みをすぐに関連図書で活用したりした。

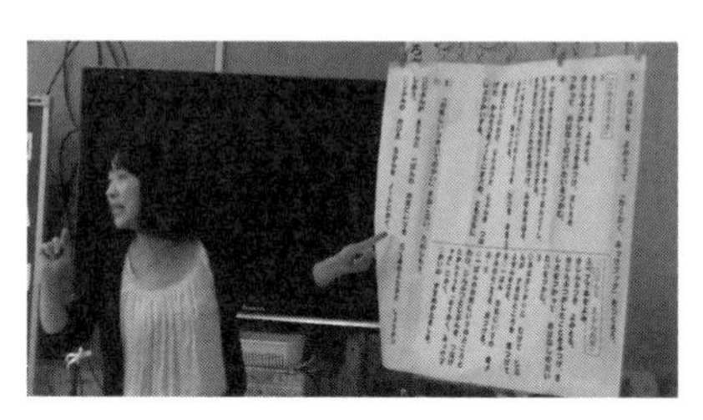
単元計画表で学習の流れ，めあてを確認

関連図書の選定・準備

関連図書は，登場人物が多くないもの，生き物が出てくるもの，場面展開や人物の変容が明確なものを選定した。ワークシートにはおもしろさによって，☆の数を塗り，おすすめの一冊を選ぶ。

ワークシート

お話の大体をつかむ

物語のあらすじを押さえるために，「時・人物・場所」をとらえながら，挿絵を並び替える。

想像を広げる「なりきり吹き出し」

想像を広げて読むために，「なりきり吹き出し」を当て，登場人物になりきって言葉を想像させる。

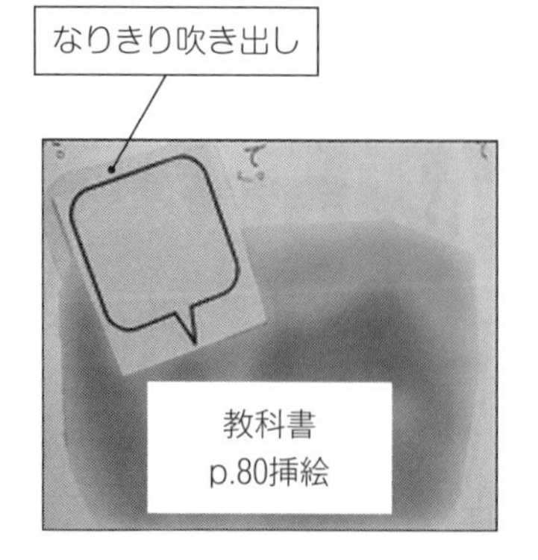

挿絵を並び替える

気持ちを表現するための言葉を豊かにする工夫

気持ちを表す言葉や言い方をまとめた語彙カードをソフトケースに入れ，手元に持たせている。

（写真左）

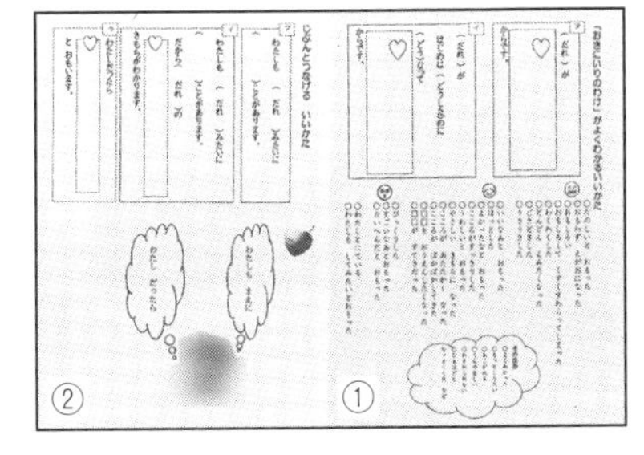

語彙カード

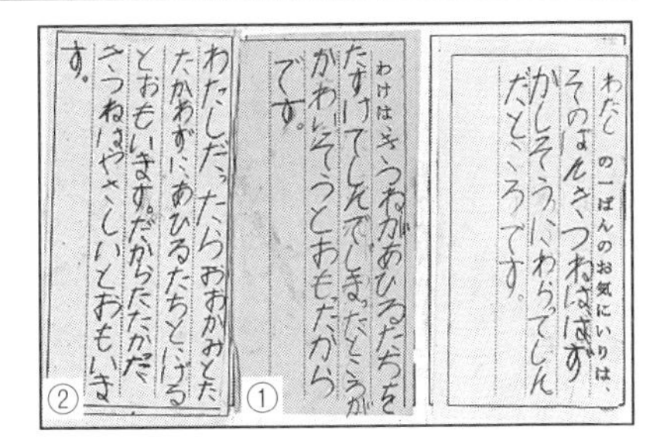

ツールの各パーツ

「わけ」の部分は青色（①），「自分とつなげる」部分はピンク色（②）等，語彙カードやツールの各パーツ・板書の色をそろえることで，視覚的効果を得た。

交流の深まり，役に立つ有用感，友達の考えを聞きたくなる学習課題の提示

交流の目的を明確にし，話し合わざるを得ない状況を仕組む。人に説明できる力，相手に分かってもらえる力を付ける。相手の評価を得ることで，次の学習への意欲となるようにする。

> **学習課題**
>
> 選んだところは同じ，わけも同じかな。友達はどんなわけだろう。
>
> わけがうまく言えないときは，自分の気持ちに近い人に言い方を教えてもらおう。

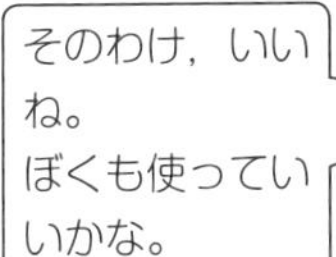

❷評価のポイント

身に付けた力を使って，登場人物の行動や言動に着目し，一番楽しいところ，一番あっと思ったところなど，お話の中で一番心に残ったところを一番のお気に入りとして選ぶことができているかを評価する。

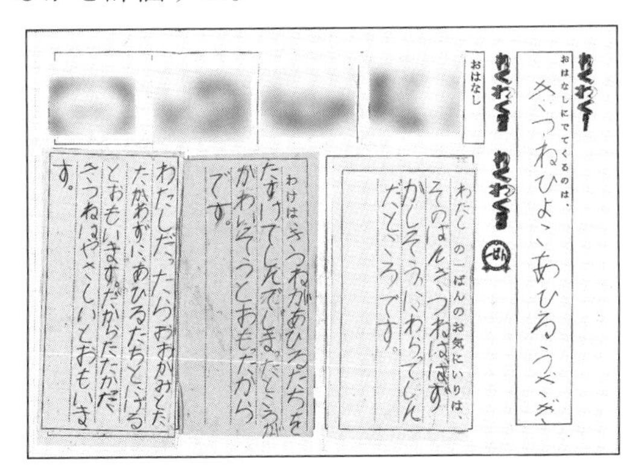

（泉　朋子）

1年生に「ぼくの，わたしのゆめの道ぐ」をしょうかいしよう

【時間数】全10時間・【教材名】あったらいいな，こんなもの（光村図書２年下巻）

1　単元の指導目標

○言葉には，事物の内容を表す働きがあることに気付くとともに，姿勢や口形，発声や発音に注意して話すことができる。（知・技(1)ア，イ）

○身近なことから話題を決め，話すために必要な事柄を選んだり，話す順序を考えたりするとともに，話し手が知らせたいことや自分が聞きたいことを落とさないように集中して聞き，感想をもつことができる。（話すこと・聞くこと　ア，イ，エ）

○様々な事柄から伝えたいと思うことを選び，材料や話す順序を工夫して聞き手に伝えようとすることができる。（学びに向かう力等）

2　単元の評価規準

知識・技能	思考力・判断力・表現力等	主体的に学習に取り組む態度
・言葉には，事物の内容を表す働きがあることに気付いている。（知・技(1)ア） ・姿勢や口形，発声や発音に注意して話している。（知・技(1)イ）	「A話すこと・聞くこと」 ・身近なことから発想を広げて説明したい話題を決め，話すために必要な事柄を選んでいる。（ア） ・説明したいことが相手に伝わるように話す事柄の順序を考えている。（イ） ・話し手が知らせたいことや自分が聞きたいことを落とさないように集中して聞き，感想をもっている。（エ）	・様々な事柄から伝えたいと思うことを選び，材料や話す順序を工夫して聞き手に伝えようとしている。

3　単元について

❶子供について

前単元「大すきなもの，教えたい」では，「自分の好きなものをみんなの前で発表する」という言語活動を設定した。対話を進める方法を知ったり，対話の楽しさを味わったりすることができた。また，対話を繰り返すことで話し方が上達し，みんなの前で発表する際の自信につなげることができた。しかし，伝えたい内容を膨らませるために聞き手が質問をしたり，話す事柄を順序立てて話したりする力は不十分である。そこで，「あったらいいな」と思う夢の道具について詳しくするために話し合うこと，相手に分かりやすく伝える内容を整理し順序立てて話すことに重点を置いて指導する。本単元で身に付けた力を別の単元や他教科等の学習に生かせることを子供にも意識付けさせて指導する。

❷単元構成及び教材について

単元構成

第１次では，単元のゴールを示すために，まず教師が考えた「ゆめの道ぐ」を聞かせ，子供が本単元の学習への意欲を高められるようにする。その際，発表メモと絵も提示することで，学習の見通しをもちやすくする。

第２次では，夢の道具をたくさん考え，１つに決め，簡単な絵と説明をかく。それを基に，友達と対話する活動を行い，自分の考えた夢の道具をさらに詳しく考えていく。その際，対話のモデルを示したり，子供の中からよい対話をしている２人組を紹介したりして，「あったらいいなと思うわけ」「できること」「形や大きさ，色」といった質問の観点を広げていく。この対話を受けて，「はじめ」「中」「終わり」と順序立てた発表のためのメモを作る。

第３次では，友達とペアになって発表の練習をし，単元のゴールである「１年生に『ぼくの，わたしのゆめの道ぐ』をしょうかい」する発表会を行う。その際，ただメモを読むのではなく，語りかけるように，声の大きさ・視線，話す速さに気を付けるようにする。

教材について

「あったらいいな，こんなもの」は子供一人一人が楽しく想像できる内容である。日頃の観察や想像の体験の違いによっては，内容の豊かさにも違いが出てくるだろうが，自分の考えがまだ十分でなかったとしても，友達と尋ね合うことで，内容が具体的に固まってくるだろう。

新学習指導要領対応ガイド

❶伝えたい話題を選ぶための指導の工夫

この単元では，思いつきではなく，「どうしてもこうしたものがあったらいいな」と思うものを発想することがポイントになります。どうしてもほしいものであるからこそ，伝えたい事柄が明らかになり，順序を考えて伝えようとするからです。そこで本事例では，自分や友達の日常を振り返って，あったらいいなと思う夢の道具を様々に発想した上で，そこから是非とも必要だと考えられるものを選んで話題として設定できるようにしています。

❷聞くことの２つの側面を生かした指導の工夫

新学習指導要領では，低学年の聞くことに関する指導事項として「話し手が知らせたいことや自分が聞きたいことを落とさないように」聞くことを示しています。ここには，大事なことを落とさずに聞くことの２つの側面が表されています。話の内容を正確に聞くことにとどまらず，自分の聞きたいことを落とさないように，能動的に聞くことが重要になります。

4　言語活動とその特徴

本単元の言語活動として，「夢の道具について組み立てを考えて１年生に分かりやすく紹介する」ことを位置付けた。スピーチ単元として，話題を「あったらいいな」と思う夢の道具に設定することで，子供が自分で想像する楽しさを味わいながら活動できると考える。ここでは，単に思いついたことを話すのではなく，様々に発想した事柄の中から「是非ともあってほしい」「どうしてもほしい」と思えるものを選んで話題として設定できるようにする。このことで，伝えたい材料を明確にしたり相手に伝わるように話す順序を考えたりしようとする意識を高めることができる。また，対象を１年生とすることで，自分の考えた夢の道具を聞き手にもイメージが伝わるように話そうとする意識が高まる。

単元のゴールである夢の道具を紹介する発表のイメージを子供がもてるようにする。そのゴールを念頭に置き，はじめに考えた自分の夢の道具について２人組で説明し合ったり尋ね合ったりする。この対話を重ねることで，自分の道具をより分かりやすく相手に伝えるために，絵を工夫したり説明を具体的にしたりする必要が出てくることに子供は気付く。また，実際に紹介する際には，説明する順序を考えてメモを作ったり，相手が聞きやすい話し方の練習をしたりする。

従って，本単元でねらう「話すこと・聞くこと」の「ア　身近なことや経験したことなどから話題を決め，伝え合うために必要な事柄を選ぶこと」及び「イ　相手に伝わるように，行動したことや経験したことに基づいて，話す事柄の順序を考えること」を実現するのにふさわしい言語活動である。また，友達の説明を聞き，質問したり感想を述べたりすることで，「友達はどんなことについて説明してくれるのかな」とわくわくして聞いたり，「その説明のどんなところがおもしろいのかな」と，聞きたい思いを膨らませて聞いたりすることができる。このことによって「話すこと・聞くこと」の「エ　話し手が知らせたいことや自分が聞きたいことを落とさないように集中して聞き，話の内容を捉えて感想をもつこと」を実現するのにもふさわしい言語活動だと考えた。

5　単元の指導計画（全10時間）

第1次

①教師によるスピーチのモデルを聞き，「1年生に『ぼくの，わたしのゆめの道ぐ』をしょうかいしよう」という学習課題を設定し，学習の見通しをもつ。

第2次❶

②「あったらいいな」と思う夢の道具を全体で考える。

・夢の道具を個人でたくさん考える。

③考えた道具の中から，是非とも紹介したいものを1つ決め，絵に描き，「○○のときに，□□する（できる）道ぐ」という文を書き添える。

④道具について詳しく考える話合いの仕方を確かめる。

⑤友達と話し合い，道具について詳しく考える。　（本時）

第2次❷

⑥よい発表会にするために発表の仕方を確かめ，発表メモに書く内容を整理する。

⑦⑧話す順序や組み立てを考え，発表メモを書く。

第3次

⑨友達とペアになって，発表の練習をする。

⑩1年生に「ぼくの，わたしのゆめの道ぐ」を紹介する。

・学習を振り返る。

6　本時の学習（本時５／10時）

❶本時のねらい

話合いを行い，自分が考えた道具についてより詳しく考えることができる。

（話すこと・聞くこと　ア，エ）

❷本時の展開

時間	学習活動	主な発問（○）と指示（△）	指導上の留意点（・）と評価（◇）
２分	１．学習計画を参考に本時のめあてを確認する。	△単元のめあてを想起させる。 ○自分が考えた「ゆめの道ぐ」を１年生に分かりやすく紹介するために，友達と話し合います。	
	友だちと話し合って，ゆめの道ぐをもっとくわしくしよう。		
３分	２．前時の詳しく尋ねるポイントを想起する。	○どんなことを尋ねたらよいですか。 ・考えたわけ　・できること ・形や大きさ　・名前 ・うごかし方，つかい方　など △他にも尋ねたいことを質問してよいということを確認する。	・尋ねるポイントとそれに応じた話型を提示する。 ・「話合いの進め方」を提示する。
５分	３．話合いの進め方を確認する。	○話合いの進め方を確認します。 ①あいさつをする。 ②話す順番を決める。 ③考えた「ゆめの道ぐ」について伝える。 ④聞き手は，感想を言ったり，質問やアドバイスをしたりする。 話し手は，質問に答えたり，考えたことを伝えたりする。 ⑤合図で交代する。 ⑥あいさつをする。	

25分	4．対話しながら，夢の道具をより詳しくしていく。	○では，ペアになって，考えた道具について聞き合いましょう。 △向かい合って，道具の絵を見せながら話し合わせる。 △ペアを替えて３回の対話を行わせる。 ・なるほど。他にできることはあるの。 ・どんなときに使いたいの。 ・ここはどうなっているの。 ・○○すると，□□なるのがいいんじゃない。	・よい対話を紹介し，尋ね方やアドバイスの仕方の幅を広げられるようにする。 ◇友達の話を聞き，質問したり，感想を言ったりしている。 （話・聞エ）
5分	5．詳しくなったことを書き足す。	○話合いをしたことで詳しくなったことをワークシートに書き足しましょう。 △書き込みの囲みを赤色で書かせる。	◇話合いを通して，道具についてより詳しく考えている。 （話・聞ア）
5分	6．学習を振り返る。	○話合いをして，自分の「ゆめの道ぐ」が，どのように詳しく説明できるようになりましたか。	

❸本時の板書例

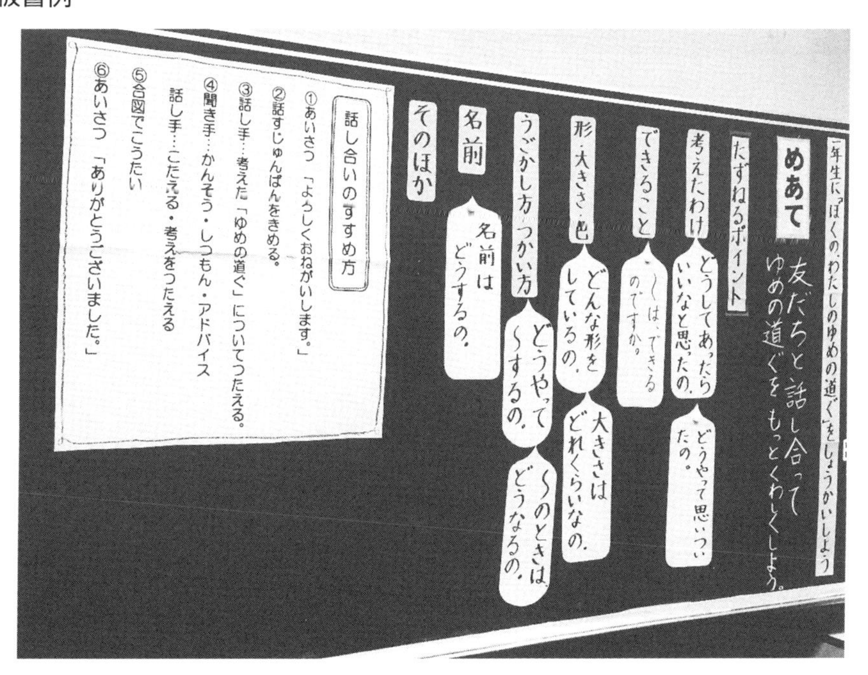

7 主体的・対話的で深い学びにつながる指導と評価のポイント

❶指導のポイント

学習計画の掲示

本単元の学習をどのような流れで進めていくかを子供が見直すことで，主体的な学習につなげる。

モデルの提示

単元のゴールである「自分の考えた夢の道具を発表すること」を明確にするため，第１時に教師によるスピーチのモデルを見せる。これは，実際に対話を通して内容を詳しくしたものである。

対話のモデルをビデオで見せる。そこから，尋ねるポイントや尋ね方，共感的・受容的に聞く姿勢，相手の目を見て話したり聞いたりすることなど，話合いの進め方を確かめる。

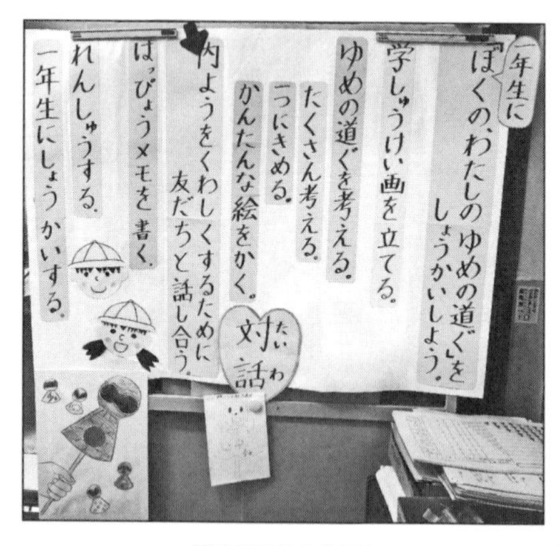

学習計画の掲示

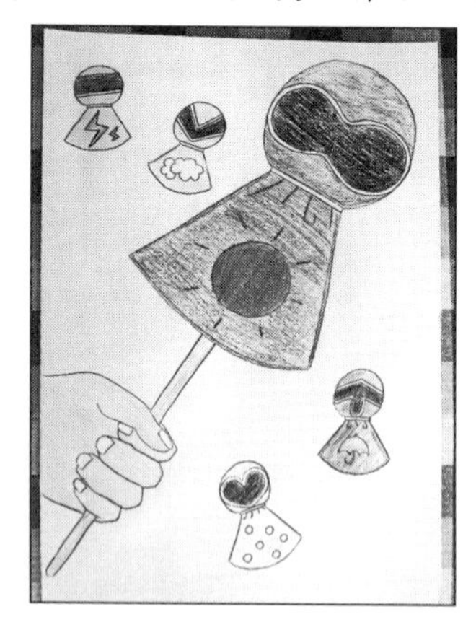
教師が考えた道具「お天気戦隊カエルンジャー」のモデル絵

> 私が考えた夢の道具は、明日の天気を好きに変えられる、「お天気戦隊カエルンジャー」です。
> 「お天気戦隊カエルンジャー」があったらいいなと思うわけは、遠足や運動会の時に晴れてほしいからです。
> 「お天気戦隊カエルンジャー」は、てるてるぼうずを付けたステッキのような形をしています。子供用の傘と同じくらいの大きさで、手に持つことができます。
> てるてるぼうずは五種類あって、色によって天気を選ぶことができます。赤は「晴れ」、青は「雨」、灰色は「曇り」、黄色は「雷」、白は「雪」です。この中からてるてるぼうずを一つ選んでステッキの先につけます。そして、ステッキを振ると、明日の天気を変えることができます。振る回数によって、どのくらい晴れたり、どのくらい雨が降ったりするかが変わります。
> これで、私の発表を終わります。「お天気戦隊カエルンジャー」について、何か質問や感想はありますか。

スピーチ原稿

ワークシートの活用

夢の道具を考える際に，子供が考えたことを付け足していけるように，マップ形式のワークシートを使う。これは，対話活動で詳しくなったことを書き足す際にも活用する。また，発表する内容を整理し，順序立てて話すための発表メモを書く際に，ワークシートを活用する。

対話による学び

話し手が，自分の考えた道具の絵（簡単に描いたもの）を見せて，「～できる道具です」と話すことから始め，聞き手は，あったらいいなと思ったわけ，動かし方や使い方，道具の形や大きさ・色，他にできること等を質問したり，「こうしたらいいよ」とアドバイスをしたりする活動を通して，１年生に紹介する夢の道具を詳しくしていくことをねらう。同時に，「いいね」「おもしろそう」等，共感したり感想を述べたりする聞き手の姿勢が話し手の意欲や自信につながるようにする。対話の中でよい尋ね方や答え方を取り上げ，全体に広げていく。

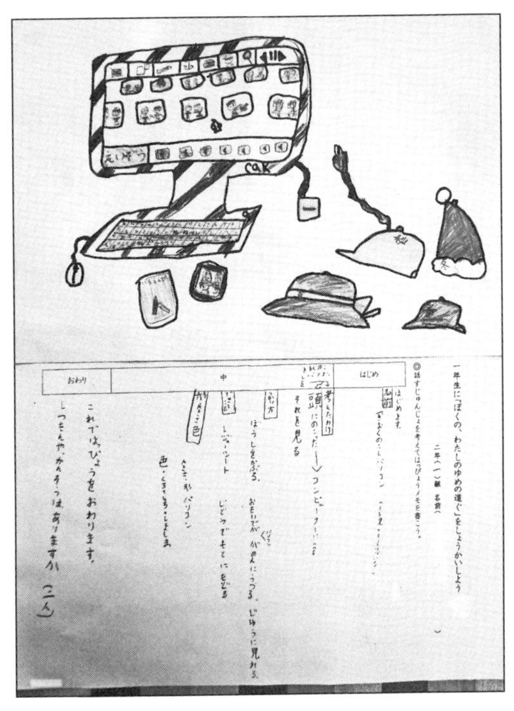

子供の考えた道具の絵と発表メモ

❷評価のポイント

子供の実態を把握することができるように，ワークシートを活用して毎時間の評価を行い，次時の指導に生かしていった。特に，第２次において，夢の道具を個人でたくさん考える段階と，その中から１つに決めて詳しく考える段階とで，２種類のマップ形式のワークシートを取り入れた。本時では，中央の枠に自分で考えた「 …できる道ぐ」を書き，その道具の形や色，考えたわけ等について枝分かれするように書き足していくものを使った。その際，自分だけで考えた部分は鉛筆で書き，対話を通してより詳しく付け足した部分は赤鉛筆で書くことで，教師が評価をしやすくするように工夫した。

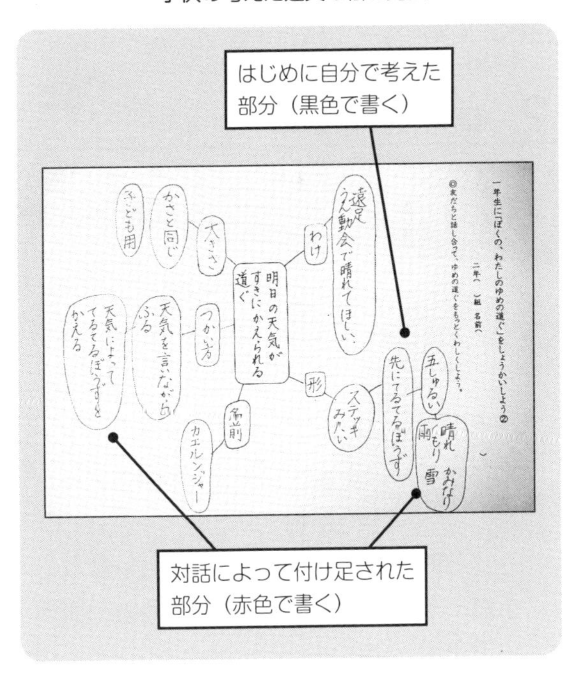

（杉崎　晶子）

【引用・参考文献】
『小学校こくご　２年　下　学習指導書』光村図書

じゅんじょを考えて，分かりやすいせつめい書を書こう

【時間数】全13時間
【教材名】しかけカードの作り方，おもちゃの作り方（光村図書２年下巻）

1　単元の指導目標

○身近なことを表す語句の量を増し，文章の中で使い，語彙を豊かにすることができる。（知・技(1)オ）

○事柄の順序など情報と情報との関係について理解することができる。（知・技(2)ア）

○書くために必要な事柄を集めて伝えたいことを明確にするとともに，事柄の順序に沿って簡単な構成を考えることができる。（書くこと　ア，イ）

○作り方の順序や説明の仕方など，自分の表現に生かす上で重要な語や文を考えて選び出すことができる。（読むこと　ウ）

○読み手に伝わる説明書を書くために，参考になる表現を文章から見付けたり，それを生かして書き表そうとしたりすることができる。（学びに向かう力等）

2　単元の評価規準

知識・技能	思考力・判断力・表現力等		主体的に学習に取り組む態度
	「Ｂ書くこと」	「Ｃ読むこと」	
・おもちゃの作り方に関わる身近な語句の量を増し，文章の中で使い，語彙を豊かにしている。（知・技(1)オ） ・手順や事柄の順序など情報と情報との関係について理解している。（知・技(2)ア）	・書くために必要な事柄を集めて伝えたいことを明確にしている。（ア） ・概説―材料―作り方―遊び方など，説明の順序に沿って構成を考えている。（イ）	・作り方の順序や説明の仕方など，自分の表現に生かす上で重要な語や文を考えて選び出している。（ウ）	・読み手に伝わる説明書を書くために，参考になる表現を文章から見付けたり，それを生かして書き表そうとしたりしている。

3 単元について

子供が主体的に取り組む単元にするために，意識の流れを大切にした学習展開を構想した。

単元設定時，生活科で，「うごくうごくわたしのおもちゃ」という学習に取り組む時期にする。子供は，おもちゃを作り，その活動の振り返り（活動記録）を書いたりおもちゃを交換して遊んだりしている。「他のおもちゃも作ってみたらどうかな」「おもちゃランドを作って1年生を招待してはどうかな」という誘いかけをすると，「おもちゃの種類を増やしたい」「作り方を知りたい」という関心が高まった。そこで，活動記録を交換しておもちゃ作りを試みたが，おもちゃは作れず，「作り方が分からなかった」「作り方がもっと分かる書き方は，どんなものなのだろう」「上手な書き方を知って，ちゃんとおもちゃを作り上げたい」という子供の思いが膨らみ，そのことを生かして「読むだけでおもちゃが作れるような『おもちゃの作り方説明書』を書こう」という学習課題を設定できた。「うまくおもちゃを作れる上手な書き方を知りたい」と思っている子供に，教師作成の不十分なサンプル文と教材文（「しかけカードの作り方」）を読み比べる活動を設定する。この活動の中で，子供は教師の文章では作れず，教材文ではうまく作れることに気付くと考えられる。また，その違いにも目を向け，「分かりやすい説明の工夫」を見付けられるであろう。そこで子供が発見しまとめた「分かりやすい説明の工夫」を基に，自分がおもちゃを作ったときのことを思い出しながら，取材，構成，記述，推敲をしていく。交流では，自分が書いた説明書を友達と交換し，それを読んで，おもちゃを作ることで，「今度はおもちゃが作れた」「読むだけでおもちゃが作れる説明書ができた」と完成した説明文が，分かりやすく相手に伝わったことを実感し，成就感を得ることができる。

新学習指導要領対応ガイド

❶書く必要性を実感できるようにするカリキュラム・マネジメントの工夫

本事例では，生活科のおもちゃ作りの学習との関連を図ることで「もっとおもちゃの作り方を上手に説明したい」という思いや願いを膨らませ，書く必要性を実感することができるようにしています。カリキュラム・マネジメントを生かして各教科等との関連を図ることで，国語科固有のねらいをより効果的に実現させることができます。

❷必要性を実感できる場で知識及び技能を獲得できるようにするための指導の工夫

本事例では，〔知識及び技能〕(2)の情報の扱い方に関する事項を指導のねらいの一つにしています。生きて働く「知識・技能」としていくためには本事例のように，①各領域の指導を通して指導することを基本とすること，②子供にとって，知識が必要だと実感できるタイミングで，自ら獲得できるように指導すること，③知識を与えてから活用させるという一方通行ではなく，これまで漠然と行ってきた「順序よく書く」ことを改めて取り上げ，自覚的に使える知識にしていくことなどが大切になります。

4　言語活動とその特徴

本単元では，生活科との関連を図った言語活動として，「『おもちゃの作り方説明書』を書く」活動に取り組んだ。本単元で取り上げる文種は説明文である。説明文は，相手が知りたいことや疑問に思うことについて情報や知識を分かりやすく伝える文章である。「『おもちゃの作り方説明書』を書く」という言語活動がもつ４つのポイントを教師作成のサンプル文に基づいて解説する。

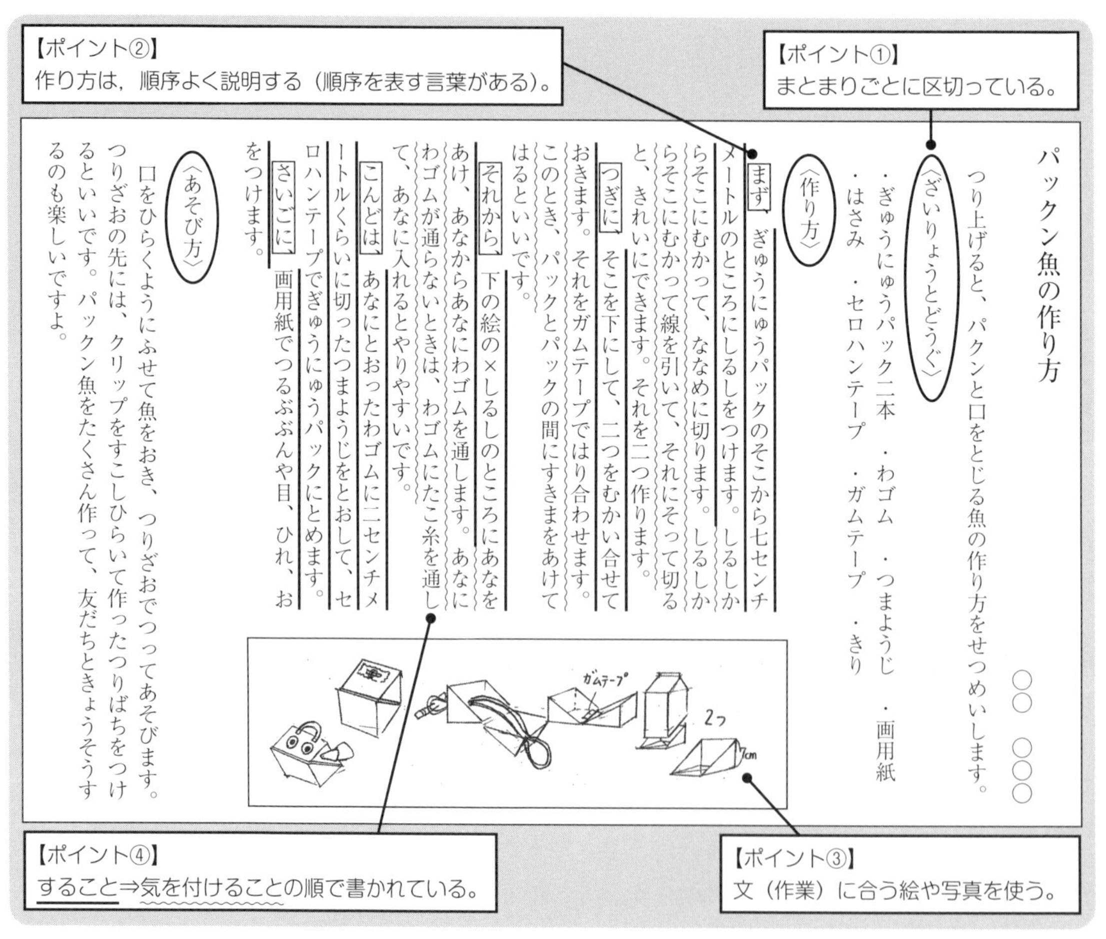

相手に伝えるために本当に必要な情報を集めることや説明の順序，表現の仕方等を考えて書くことで，本単元でねらう「Ｂ書くこと」の指導事項「ア　経験したことや想像したことなどから書くことを見付け，必要な事柄を集めたり確かめたりして，伝えたいことを明確にすること」を身に付けることができると考える。

さらに，「おもちゃの作り方説明書」を書くために，教材文や教師が作成したサンプル文から，自分の文章に生かしたい表現を見付けながら何度も読むことになる。そこで，「Ｃ読むこと」の指導事項「ウ　文章の中の重要な語や文を考えて選び出すこと」を実現することにもなる。

5　単元の指導計画（全13時間）

第1次

学習課題を決め，学習計画を立てる。

①生活科の学習を振り返り，学習課題について話し合う。

〈学習課題〉
読むだけでおもちゃが作れるような「おもちゃの作り方せつめい書」を書こう。

②学習計画を立てる。

第2次

教材「しかけカードの作り方」を読み，分かりやすい説明の工夫を見付ける。

③④教師の不十分なサンプル文と教材「しかけカードの作り方」を読み，実際にしかけカードを作る。

⑤教師の不十分なサンプル文と教材文を比べ，説明のよさや課題を見付ける。

⑥自分の一次表現と教材文を比べ，「分かりやすい説明の工夫」を整理し，自分の課題を見付ける。

第3次

教材「おもちゃの作り方」を読み，自分の「おもちゃの作り方のせつめい書」を作る。

⑦「けん玉のつくり方」を読んで，第２次でまとめた「分かりやすい説明の工夫」がどこに使われているかを見付ける。

⑧見直しのポイント（分かりやすい説明の工夫）を使って生活科で書いた一次表現を見直す。

⑨取材の仕方を話し合い，説明書に必要な事柄を集める。

⑩説明の工夫を使って取材したメモを組み立てたり，必要な絵を貼ったりして，組み立てシートを作る。　（本時）

⑪組み立てシートを見直し，下書きをする。

⑫説明書を清書する。

第4次

一次表現と二次表現の説明書を比べ，学習のまとめをする。

⑬学習のまとめをする。

6 本時の学習（本時10／13時）

❶本時のねらい

学習した「分かりやすい説明の工夫」を使って教師のサンプル（メモ，絵）で文の組み立てを考えたり，ペアで友達と読み合ったりする活動を通して，取材したメモを並べ替えたり，必要な絵を貼ったりして，分かりやすい順序で組み立てることができるようにする。

（書くこと　イ）

❷本時の展開

時間	学習活動	指導・支援上の留意点（○）と評価（◇）
5分	1．前時の学習を振り返り，本時の学習のめあてについて話し合う。 分かりやすい説明書にするには，前の時間に作ったメモをどのように組み立てたらいいのかな。	○前時までに，子供は生活科で書いた一次表現を見直し，「分かりやすい説明の工夫」を確かめながら，説明書に必要な事柄を集め，メモや絵をかき，「すること」については，自分なりに書こうと思う順番に並べている。本時では，読むだけでおもちゃが作れるような説明書を書くために，「取材メモを組み立てたい」という子供の発言を引き出す。
	分かりやすいせつめい書になるように，「作り方」のメモを組み立てよう。	
10分	2．教師のサンプル（メモや絵）を用いて，全体で組み立て方を考える。	○子供の思考を焦点化できるように，「書き出し」と「材料と道具」の部分は，事前に書く活動を行う。 ○子供が自分なりの組み立てを考えることができるように，全体で教師のサンプルを用いて，「分かりやすい説明の工夫」と結び付けて，メモの組み立て方について話し合う活動を設定する。 〈分かりやすいせつめいのくふう〉 ①まとまりごとにくぎる。 ②「作り方」をじゅんじょよくせつめいする。 （「まず」「つぎに」「それから」などのじゅんじょをあらわすことばをつかう。） ③さぎょうに合う絵やしゃしんをつかう。 ④「すること」→「気をつけること」のじゅんで書く。 〈書くと分かりやすくなることば〉 数，大きさ，長さ，場しょ，どのように（ようすをあらわすことば），うまく作るこつ
10分	3．自分の組み立てシートを見直す。 ①「作り方」に必要のないメモを外し，それから「すること」(作業の手順)	○子供が組み立てシートを完成することができるように，教師のサンプルと同じように考えていくよう声をかける。 ※特に支援を要する子供には，子供のメモの中から説明に必要だと思われるメモを提示し，それらをどの順番

	のまとまりを考えて，順序を表す言葉を付け加える。 ②「すること」に合わせて，作るときに「気をつけること」や「さぎょうに合う絵」を並べる。	で説明すればいいかやそれに対する「気をつけること」はどれかを自分で考え，組み立てることができるようにする。
15分	4．友達と組み立てシートを読み合い，お互いのよいところなどを話し合う。 **交流の目的** お互いの組み立てシートを読み合い，よいところを見付け，自分の表現に生かせるようにする。	○自分の文章をより分かりやすいものにするために，自分の組み立てシートを友達と読み合い，お互いによいところやまねしたいところを探す活動を行う。交流の際には，子供にどのような話合いをすればよいのかイメージがわくように，教師が話合いのモデルを示す。 ◇「作り方」を絵と組み合わせて分かりやすい順序に組み立てている。 （書イ）（発言の様子，組み立てシートの状況）
5分	5．本時の学習を振り返り，次時の学習について話し合う。  ○○さんのメモの組み立てを見ると，分かりやすかったです。それを見て，私もメモを組み立て直すことができて，よかったです。次は，下書きをしたいです。	○メモの組み立て方について話し合ったことを「組み立てるポイント」としてまとめる。 〈組み立てるポイント〉 ①作り方のじゅんばんにならべる。 ②「すること」に対して「気をつけるポイント」が合っている。 ③文しょうに合う絵がある。 ○学習のまとめができるように，今日の学習を終えての感想を発表し，自分や友達の成果について話し合う活動を行う。 ○次時の学習の見通しをもつことができるように，読むだけでおもちゃが作れるように分かりやすく書けているか，自分の組み立てシートを見直して，下書きをすることなどの学習内容について話し合う活動を行う。

❸本時の板書例

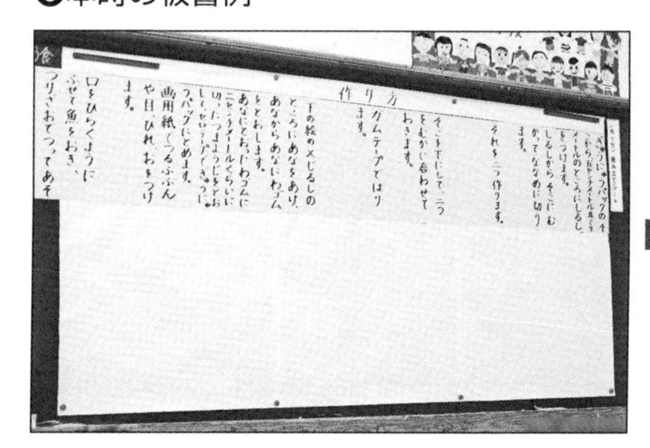

作り方の順序を思い出しながら，メモを並べた場面の板書

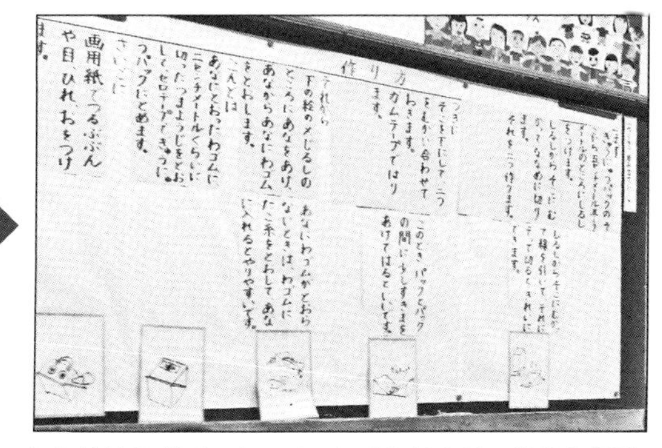

気を付けるポイント・メモに合う絵を並べ終えた板書

7　主体的・対話的で深い学びにつながる指導と評価のポイント

❶指導のポイント

導入前

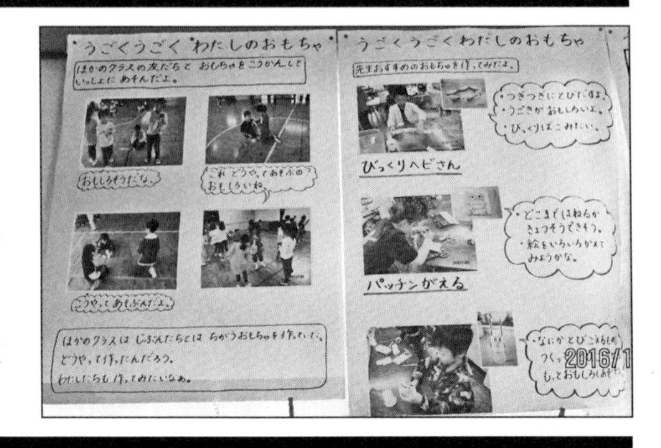

本単元では，子供が取材などを行いやすくするため，実際におもちゃを作る活動をしておくことが望ましい。単元導入前に，生活科「うごくうごくわたしのおもちゃ」の学習で，おもちゃを作って遊ぶ。その際，作る手順が複雑すぎないおもちゃ（２年生の子供が「おもちゃの作り方説明書」を書ける程度）を数種類紹介し，その中から選ぶようにする。

サンプル文の工夫

第２次の「説明の仕方の工夫」を見付ける学習では，サンプル文を２種類提示する。一つは，教師が書いた説明が不十分な「しかけカードの作り方」，もう一つは，教材文「しかけカードの作り方」である。

実際に，読みながらしかけカードを作る活動を行うと，片方ができて，片方ができないことで違いを発見しようと子供は進んで比べる活動を行う。その際，子供同士のペアで交流をする。相手の考えと自分の考えを比べ，伝えたい内容は同じだが表現の仕方が違うことに気付くとともに，言葉の役割に着目した対話が生まれることで，子供は，よりよい表現を見付けていった。対話の内容を「分かりやすい説明の工夫」としてまとめ，それを自分の説明書を書くときに生かすことができるようにする。

〈分かりやすいせつめいのくふう〉
①まとまりごとにくぎる。
②「作り方」をじゅんじょよくせつめいする。
（「まず」「つぎに」「それから」をつかう。）
③さぎょうに合う絵やしゃしんをつかう。
④「すること」→「気をつけるポイント」
〈書くと分かりやすくなることば〉
数，大きさ，長さ，場しょ，どのように（ようすをあらわすことば），うまく作るこつ

書く作業がイメージできるモデル学習の設定

子供一人一人の実態を把握することができるように，毎時間評価を行い，次の指導に生かした。本時（構成）は，取材が終わった段階で，子供は，「作り方」のメモについては，ほぼ手順通りに並べることができていたため，子供に考えさせるポイントを次の２点にしぼって指導に当たった。１つ目は，「作り方」の部分に必要のないメモ（「遊び方」など）がないかどうかを考えること，２つ目は，メモのまとまりを考えて，順序を表す言葉を付け加えることである。そこで，教師が「遊び方」を含む「作り方」のメモが作る手順通りにただ羅列されているだけのモデルを提示し，全体で考えた後，子供が自身のメモを整理し，構成できるようにした。

❷評価のポイント

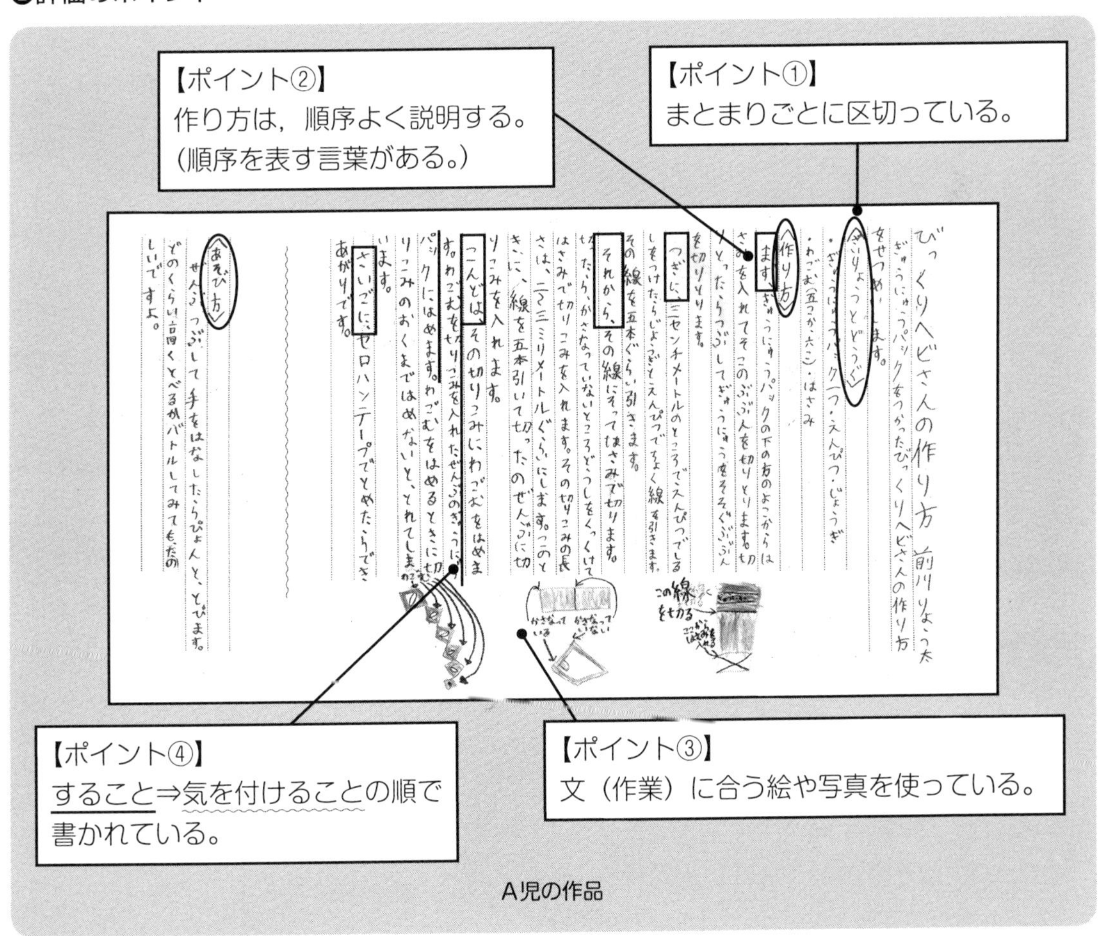

A児の作品

A児は，「しかけカードの作り方」を読んで見付けた「分かりやすい説明の工夫」を使って，自らおもちゃを作ったときのことを想起し，絵や言葉に表して，材料や道具，作り方や遊び方などの書く事柄を集めることができた。さらに，自分が伝えたいことに必要な事柄を選び，作り方や工夫したところを分かりやすく順序に組み立てて，自分が作ったおもちゃの作り方説明書を書くことができた。

（野田　佳菜子）

知りたい！伝えたい！カードで，すごいと思った仕事をおうちの人に紹介しよう

【時間数】全12時間・【教材名】どうぶつ園のじゅうい（光村図書２年上巻）

1　単元の指導目標

◎図鑑などを読んで興味のある事柄を見付けたり情報を得たりして，読書に親しむことができる。
（知・技(3)エ）

○言葉には，事物の内容を表す働きや，経験したことを伝える働きがあることに気付くことができる。
（知・技(1)ア）

○見付けた情報を知らせることに向けて，何が書いてあるかをつかむために事柄の順序に気を付けて内容の大体をとらえたり，知らせたい情報に関わる重要な語や文を選び出したり，分かったことを共有したりすることができる。
（読むこと　ア，ウ，カ）

○自分が興味をもったことを紹介するために，図鑑や事典などを用いて情報を見付けようとすることができる。
（学びに向かう力等）

2　単元の評価規準

知識・技能	思考力・判断力・表現力等	主体的に学習に取り組む態度
・図鑑などを読んで興味のある事柄を見付けたり情報を得たりして，読書に親しんでいる。（知・技(3)エ） ・言葉には，事物の内容を表す働きや，経験したことを伝える働きがあることに気付いている。（知・技(1)ア）	「C読むこと」 ・見付けた情報を知らせることに向けて，何が書いてあるかをつかむために事柄の順序に気を付けて内容の大体をとらえている。（ア） ・知らせたい情報に関わる重要な語や文を選び出している。（ウ） ・読んで見付けたことや分かったことを共有している。（カ）	・自分が興味をもったことを紹介するために，図鑑や事典などを用いて情報を見付けようとしている。

3 単元について

導入部では将来の夢について日記に書いたり，家族や身近な人へお仕事インタビューをしたりすることで仕事について知りたい気持ちを高める。

教科書の教材は，日記のように１日の仕事の様子が書かれているため獣医という仕事の忙しさや責任の大きさややりがいを感じ取ることができる。順序だけでなく，その仕事のすごいところを見付けて読み，自分の知りたい仕事の調べ学習の土台とさせる。

また，図鑑をどのように読み，情報を得てカードに書いていくのかが分かるように，作成過程を掲示しスムーズに書けるようにする。図鑑の読み比べや書き込みができるように，複数の図鑑のコピーを用意する。

新学習指導要領対応ガイド

❶重要な語や文を考えて選び出すことができるようにするための指導の工夫

低学年の「Ｃ読むこと」には「ウ　文章の中の重要な語や文を考えて選び出すこと」が示されています。この指導事項を指導する際，つい「筆者が言いたい重要な語や文をしっかりつかもう」と指示してしまいがちですが，読めば読むほどどの語や文も重要に思えて子供が判断できなくなる場合があります。なぜなら文章は，筆者が練りに練って書いたものであり，筆者にとってはそのすべてが重要な語や文だけで書かれていると言っても過言ではないからです。そこでこの指導事項を指導する上では，重要な語や文を子供自身が「考えて選び出す」ことができるようにすることが大切になります。つまり，何らかの読む目的や必要とする情報を得ようとする際に，目的や必要性に応じた重要な語や文がどれなのかを判断して選ぶことが必要になるのです。そこで本事例では，「すごいと思った仕事をおうちの人に紹介しよう」という言語活動を設定することで，重要な語や文を子供が考えて選び出しやすくしています。

❷説明文の内容の大体をとらえるための指導の工夫

低学年の「Ｃ読むこと」には「ア　時間的な順序や事柄の順序などを考えながら，内容の大体を捉えること」が示されています。この指導事項について『小学校学習指導要領解説国語編』では，「一つの段落など文章の特定の部分にとどまらず，文章全体に何が書かれているかを大づかみに把握することである」と解説しています。すなわち，無目的に段落ごとに時間をかけて読み取らせるのではなく，調べる学習などに必要な，短時間で多くの情報を把握して必要な資料を選ぶといった資質・能力の基礎となる読む力を育成することを目指すのです。そこで本事例において教科書教材を読む際には，時間的な順序を表す言葉に着目して，内容の大体をとらえられるよう指導を工夫しています。なお，図鑑を読む際には，教科書教材と異なり，見出しや写真などに着目することで，難しい言葉があっても内容の大体がとらえやすくなります。図鑑の仕組みを生かした読みの指導が大切になります。

4　言語活動とその特徴

本単元の言語活動として「知りたい！伝えたい！カードで，すごいと思った仕事をおうちの人に紹介しよう！」を位置付けた。これは，すごいと思った仕事について書かれた本や図鑑を読み，仕事内容の説明やその仕事の特徴を見付け，すごいと思ったことや感想を「知りたい！伝えたい！カード」に書いてクラスのみんなに紹介したり家に持ち帰って保護者に紹介したりする言語活動である。

本単元では子供が「知りたい！伝えたい！カード」を作ることを通して，既存の知識や家族へのインタビューによって仕事に興味をもち，「知りたい」思いを十分に膨らませ，図鑑や本を活用して調べる中で見付けたすごいことを「伝えたい」と感じ，伝えたいカードを増やしていく。すごいと思うことを見付け，付箋に書き出し見出しを付けて配置する。このことによって，本単元でねらう「C読むこと」の指導事項「ウ　文章の中の重要な語や文を考えて選び出すこと」が実現できると考えた。また，図鑑から得た知識と，日頃から目にしたり聞いたりしている仕事の知識とを結び付けながら感じたことをまとめて交流する。このことによって，「C読むこと」の指導事項「カ　文章を読んで感じたことや分かったことを共有すること」の実現も目指すことができる。

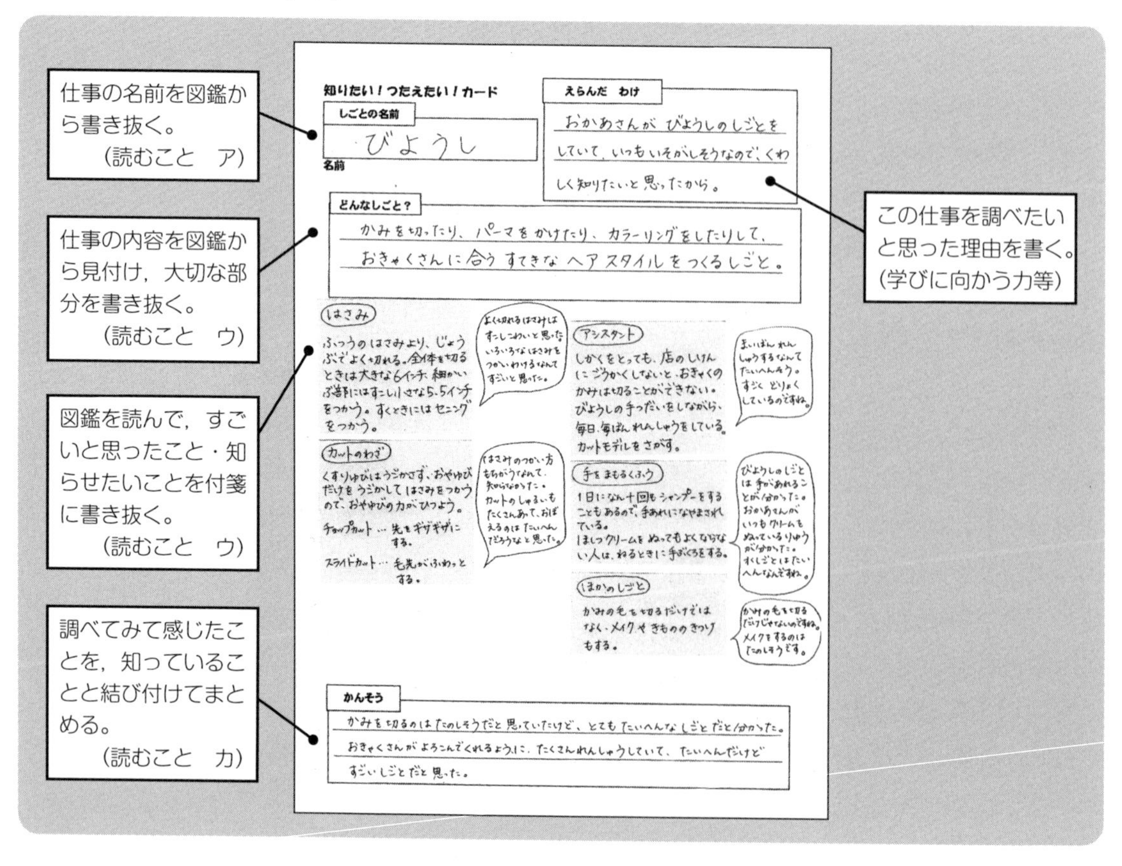

5　単元の指導計画（全12時間）

第0次

家族の仕事についてインタビューをして，どんな仕事があるのか発表し合う。

第1次

①もっと知りたい仕事について紹介するために，図鑑や本を活用して調べて「知りたい！伝えたい！カード」を作る言語活動を行うことをつかむ。

「知りたい！伝えたい！カード」の見本を基に学習の計画を立て，紹介したい仕事のすごいところを見付けながら図鑑を選んで読む。

第2次

②共通教材を読み，すごいところを見付けながら内容の大体をつかむ。

③共通教材を，時間的な順序を表す言葉を見付けてタイムテーブルに書き込みながら読む。

④⑤共通教材の仕事の事柄を，したことを中心に時間的な順序を表す言葉と結び付けてタイムテーブルに書き込みながら読む。

⑥⑦共通教材の仕事をした理由や，その工夫を見付けて読み，付箋に書いてタイムテーブルに貼る。

第3次

⑧すごいと思った仕事について，その仕事を選んで調べたいと思った理由を書く。仕事の内容について書かれている部分を図鑑から見付けて読む。

⑨⑩すごいと思った仕事を図鑑で調べ，知らせたいことを見付けて読む。知らせたいことを付箋に書きながら図鑑を読む。

（本時⑩）

⑪すごいと思った仕事について，図鑑を読んで調べていく中で思ったことをまとめる。

⑫「知りたい！伝えたい！カード」を読み，発表し合う。

6　本時の学習（本時10／12時）

❶本時のねらい

調べたい仕事について図鑑を読み，すごいと思ったことを見付けて書き抜く。

（読むこと　ウ）

❷本時の展開

時間	学習活動	主な発問（○）と指示（△）	指導上の留意点（・）と評価（◇）
3分	1．前時の学習を想起し，本時の課題をつかむ。	○今日は，図鑑をもっとよく読んで書いたり話したりしましょう。	・教科書の全文掲示を用意し，本文を根拠に書き抜いたことを想起させる。 ・学習計画と教師が作った拡大モデルを見せることで，図鑑からカードに書き抜くには，何に着目して読めばよいか理解できるようにする。 ・直接書き込むことができるように，図鑑はあらかじめコピーしておく。
	しらべたいしごとについて，図かんからすごいと思ったことを見つけて，読んで書きましょう。		
10分	2．「知りたい！伝えたい！カード」に貼るために，その仕事のすごいと思った文にサイドラインを引き，その事柄を付箋に書き抜く。	○今日は，図鑑から見付けたすごいと思ったことにサイドラインを引き，どうしてすごいと思ったのかコメントも書きましょう。 ○調べている図鑑以外にも，もう一つの図鑑にいいことが書いてあるかもしれないので見てみましょう。	・進め方を掲示することで，学習の道筋とゴールを明確にする。 ・図鑑のコピーに直接サイドラインを書き，大事なことを見付けやすくする。 ・１つの本からの情報では偏りがあるので，複数の図鑑のコピーを用意する。 ・複数の資料を関連付けて読めるようにする。
10分	3．ペアで一緒に図鑑を読み，調べたことを再確認する。読んだことを互いに出し合うことで，さらに視点を増やす。	○これから，友達の調べたことを聞いてアドバイスしていきましょう。そのときに，どんなことをアドバイスすればいいか，モデルで確かめていきましょう。 ○では，隣の友達と一緒にカードと図鑑を読みましょう。さらに，友達にア	・アドバイスの視点がはっきり分かるように，モデル文を用意する。 ☆２人の机上の中央に資料を並べて読むことで意見交換しやすくする。 ・有効なアドバイスは図鑑のコピーにメモをする。 ・うまく見付けられていない子は，一緒に図鑑を読むことで，すごいところに気付けるようにする。

		ドバイスを出しましょう。	
10分	4．どのようなアドバイスをもらったか，全体で共有することで，仕事の中身をさらに詳しく調べる。	○どんなアドバイスをもらったか紹介し合いましょう。他の人へのアドバイスでも，自分がもっと調べるヒントになるかもしれません。	・他のペアで出た有効なアドバイスを共有することで，自分の調べたい仕事を再調査していく。 ・アドバイスを聞くことによって，どのような視点で調べていくかのヒントを得る。
8分	5．アドバイスを生かして，さらに調べたりコメントを付けたりする。	○みんなからもらったアドバイスを基に，さらに調べたりコメントを付け加えたりしましょう。	・複数の資料を読み直し，自分の考えをコメントに書けるようにする。 ・複数の資料を再確認して読むようにする。 ◇調べたい仕事について，図鑑からすごいと思ったことを見付けて読み，書き抜いている。 （読ウ） （図鑑のサイドライン，カードに貼ってある付箋）
4分	6．次時の授業の確認をする。	○今日は，図鑑をよく読んですごいと思ったことを見付けてまとめられました。 ○次は，「知りたい！伝えたい！カード」の仕上げをしましょう。	・分かったことや，本時の学習でよかったことを数人に発表させ，学習のまとめをする。

❸本時の板書例

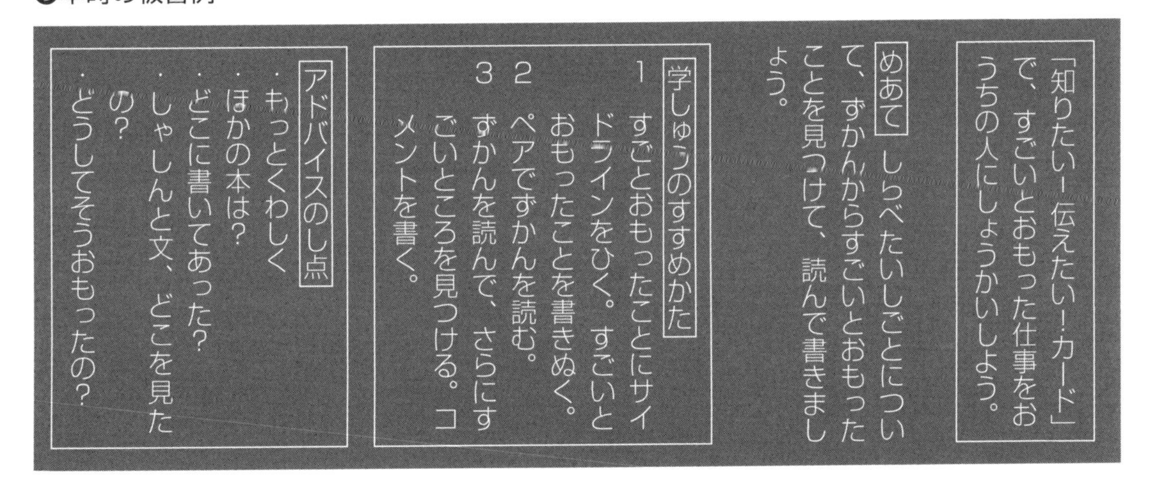

7　主体的・対話的で深い学びにつながる指導と評価のポイント

❶指導のポイント

・全文掲示を用意することで，学んだことを書き込み，いつでも全体で共有できるようにする。すごいと思った箇所に名前を書いた付箋を貼ることで，自分と同じ考えの人がすぐ分かる。また，自分とは違う考えをもった人の意見を聞くことで，新たな視点を得ることにつながる。

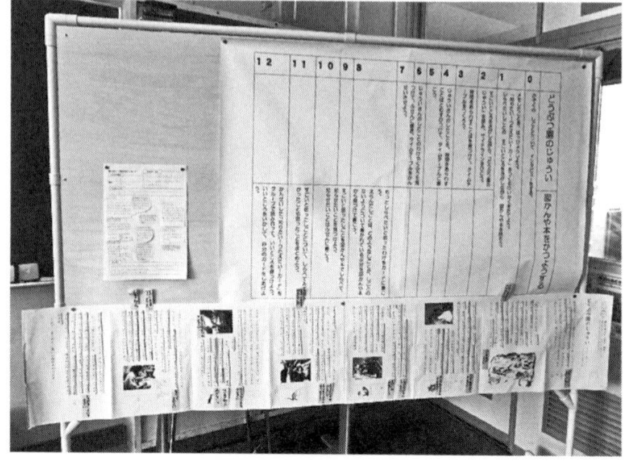

全文掲示と学習計画表

・単元の指導計画を掲示し，単元のゴールを意識し，目的意識をもって学べるようにする。今やっていることは何のためにやっているのか，常に意識することで主体的に取り組むことができる。

・教師の作った言語活動例を作成過程や活用した図鑑の拡大図と共に提示することで，学習に見通しをもち，やってみたいという意欲をもたせる。

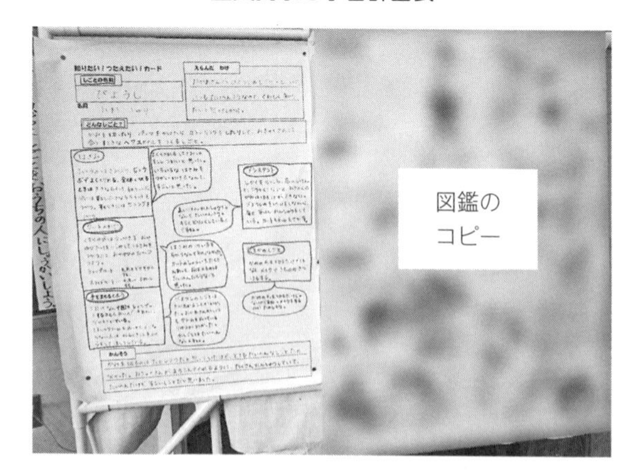

教師の作った言語活動例

・図鑑はコピーを用意し，サイドラインを引いたり囲んだりして，書き抜きやすいようにする。

・低学年が図鑑を読む際には，読めない漢字が出てきたり，必要な情報を見付けられなかったりという課題が出てくる。そこで，

ペアで相談する場面

グループで話し合う場面

子供がペアやグループでいつでも相談できるようにすると，教師に質問しなくても解決することができた。また，互いのカードを紹介し合う中で，「それはどこに書いてあったの？」「別の図鑑には載っていた？」と質問し合い，一緒に図鑑を読む中で新たな気付きが生まれた。

図鑑のコピー

知りたい！伝えたい！カード

❷評価のポイント

第10時は「Ｃ読むこと」の指導事項「ウ　文章の中の重要な語や文を考えて選び出すこと」に重点を置いて指導に当たった。ここでの「重要な語や文」とは，子供が「すごい」と思ったところやそれを説明する上で重要になる語や文のことである。そこで，本時の評価として，次のような状況の子供を「おおむね満足できる」（B）と判断した。

【Bの状況】

図鑑や本を読んで，自分がすごいと思った文にサイドラインを引き，付箋に書き抜いている。

・図鑑の写真と見出しに注目して見ていたら，仕事の工夫が見付かって付箋に書いたよ。
・すごいと思った文はたくさんあったけど，伝えたいと思った文を選んで書いたよ。

さらに，複数の図鑑を活用し，すごい，伝えたいと思った文にサイドラインを引き，適切な見出しを付けて書き抜いたり，まとめたりしている場合は「十分満足できる」（A）であると判断した。

【Aの状況】

複数の図鑑を読み，比較しながら特にすごいと思ったり伝えたいと思ったりした文を書き抜いて見出しを付けてまとめている。

・図鑑を何冊か読み比べて，すごいと思ったことが伝わりやすい見出しを考えて書いたよ。

（小林　沙由理）

１年生におもちゃのせつめい書をプレゼントしよう

【時間数】全11時間・【教材名】しかけカードの作り方，おもちゃの作り方（光村図書２年下巻）・【並行読書材】動くおもちゃ工作（池田書店），はじめてのこうさくあそび（のら書店）他

1　単元の指導目標

○言葉には，事物の内容を表す働きや，経験したことを伝える働きがあることに気付くことができる。（知・技(1)ア）

○事柄の順序など，情報と情報との関係について理解している。（知・技(2)ア）

○説明する文章を書くために，語と語や文と文との続き方に注意しながら，内容のまとまりが分かるように書き表し方を工夫するとともに，文章を読み返す習慣を付け，間違いを正したり文と文との続き方を確かめたりすることができる。（書くこと　ウ，エ）

○説明する文章を書くことに向けて，自分の文章に生かしたい語や文を考えて選び出すことができる。（読むこと　ウ）

○説明する文章を書くことに関心をもち，内容が伝わるように工夫して書こうとすることができる。（学びに向かう力等）

2　単元の評価規準

知識・技能	思考力・判断力・表現力等		主体的に学習に取り組む態度
・言葉には，事物の内容を表す働きや，経験したことを伝える働きがあることに気付いている。（知・技(1)ア） ・手順や事柄の順序など情報と情報との関係について理解している。（知・技(2)ア）	「Ｂ書くこと」 ・説明する文章を書くために，語と語や文と文との続き方に注意しながら，内容のまとまりが分かるように書き表し方を工夫している。（ウ） ・内容が伝わるように，文章を読み返す習慣を付け，間違いを正したり文と文との続き方を確かめたりしている。（エ）	「Ｃ読むこと」 ・説明する文章を書くことに向けて，自分の文章に生かしたい語や文を考えて選び出している。（ウ）	・説明する文章を書くことに関心をもち，内容が伝わるように工夫して書こうとしている。

3 単元について

本単元では，「しかけカードの作り方」と「おもちゃの作り方」の２つの教材を扱う。

「しかけカードの作り方」は，「しかけカード」という，子供にとって魅力的な題材を扱っており，実際にカード作りの作業を行うことで，一人一人が楽しく読むことに参加できる。生活の中で身の回りの人にカードを贈ったりもらったりする体験も多いので，「作りたい」という意欲を読む意欲へとつなげていきたい。また，本文を読みながら実際にカードを作るため，何度も内容を確かめながら読む必然性がある。本教材では「手順」という順序に沿って読むことを学習し，説明の工夫に気付かせたい。本単元で初めて「手順」に着目して読む経験をすることになる。「○○の作り方」や「どうすると○○がうまくなるか」といった意識をもち，日常生活において本や説明書を主体的に読むなど，生活に直結する力が育てられると考える。

「おもちゃの作り方」は，「しかけカードの作り方」で学んだことを活用しながら学習を進めていく。本文の作例はけん玉の作り方だが，ここでは，１年生にプレゼントをするために生活科の学習で作るおもちゃを題材にする。書くことの指導では「書くことがない」と題材の段階でつまずく子供も多いが，本教材は自分が作り上げた作品があることで，書くことに苦手意識がある子供も書きやすいと考えた。

新学習指導要領対応ガイド

❶書くことと読むこととを複合させて効果を高める指導の工夫

本事例は，「書くこと」の指導事項と「読むこと」の指導事項を取り上げて指導する単元です。複合単元なども呼ばれるこうした単元構想は，子供の実態に基づいて，２つの領域を複合させることによって，単独で領域を指導する場合よりも効果的・効率的に指導できると判断される場合に取り入れることとなります。本事例では，「書くこと」については作り方などの順序を明確にして書くことと，推敲することに指導の重点が置かれています。記述の際の参考となる文章を読む学習と複合させることで，記述する能力を効果的に高めることができます。また「読むこと」では，重要な語や文を考えて選び出すことに指導の重点があります。この指導も，説明する文章を書くことと組み合わせることで，何が重要な語や文であるかを判断しやすくすることができます。

❷子供が主体的に推敲するための指導の工夫

低学年の子供たちに，「書いた作文を読み返して間違いなどを正しましょう」と指示しても，なかなかうまくいかないことがあります。本事例では，「１年生に説明する文章を書く」という言語活動を生かすことで，「間違い字をなくしたい」「作り方が伝わる文章になっているか確かめたい」といった主体的な意識を喚起し，子供自ら「文章を読み返」し，推敲できるようにしています。

4 言語活動とその特徴

単元を貫く言語活動として「分かりやすくせつめいしよう～1年生におもちゃのせつめい書をプレゼントしよう～」を設定し，自分が作った簡単なおもちゃについて，作り方を紹介する活動を位置付けた。「C読むこと」の指導事項「ウ　文章の中の重要な語や文を考えて選び出すこと」の指導と，書くことのウ及びエの指導事項の指導とを組み合わせた単元を構成した。

第1次では，子供が見通しや目的をもって学習に取り組むことができるように，教師が作成したおもちゃの説明書を見せる。教師モデルの提示により，単元のゴールイメージを明確にもたせる。おもちゃは子供にとって魅力あるものであり，楽しいおもちゃをどうやって作ったらよいか，作り方をどのように1年生に説明したらよいか，意欲的に考えるであろう。学年の本棚にはおもちゃに関する本のコーナーを作り，並行読書ができるようにしておく。

並行読書材例
動くおもちゃ工作（多田千尋）（池田書店）　はじめてのこうさくあそび（ノニノコ）（のら書店）
たのしい行事と工作シリーズ〈全12巻〉（竹井史郎）（小峰書店）
うごきがおもしろいリサイクル工作パート2（野田則彦）（ひかりのくに）
リサイクル工作アイデアＢＯＯＫ（上篠小絵）（民衆社）　むかしのおもちゃであそぼう（竹井史郎）（ポプラ社）
手づくりおもちゃ200　1うごかす（岡本眞理・作／こどもくらぶ・編）
手づくりおもちゃ200　2まわす（宮本えつよし・作／こどもくらぶ・編）
手づくりおもちゃ200　6ゲームであそぶ（きむらゆういち・作／こどもくらぶ・編）
手づくりおもちゃ200　7自然であそぶ（奥山英治・作／こどもくらぶ・編）（以上，ポプラ社）
みんなで作って遊ぼう！ガラクタ工作（きむらゆういち・みやもとえつよし）（チャイルド社）
つくってあそぶ　アイデアファイル（木村裕一）（サンマーク）
ＮＨＫノッポさんの楽しい工作塾（枝常弘）（日本放送出版協会）　おたのしみ会の工作101（神戸憲治）（ポプラ社）

第2次では，「しかけカードの作り方」を共通の学習材とし，手順を考えながら読む学習を通して，分かりやすい説明書を作成するためにどのように文章を読めばよいのかを学習する。「しかけカードの作り方」は，大きく「はじめの部分」「材料と道具」「作り方」「使い方」の4項目に分けられている。「作り方」では作業の手順がまとまりごとに順を追って示され，読み手は実際に材料と道具を用意し，文章の通りに手を動かしながら読むことによって，書かれていることを正確に理解することができる。また文章だけでなく，写真や絵をよく見たり文章と結び付けて丁寧に読んだりすることによって理解できることにも気付かせていく。

第3次では，「けん玉の作り方」を第2次でまとめた「分かりやすいせつめいのしかた」と照らし合わせながら読み進め，文の構成が「はじめの部分」「材料と道具」「作り方」「遊び方」の4項目となっていることを学習する。その後，これまでの読解を生かして自分のおもちゃを題材に，説明書を書いていく。手順の整理につまずくことも予想されるため，一つ一つの作業を短冊カードに書き出させ，順序を考えてカードを並べ替えたり，1つの工程としてまとめられるものはまとめたりしていく。その際，友達と交流しながら，的確な言葉の選び方や手順がよく伝わる文の順序を考えることで，自分の考えも深まり，書く力の育成につながると考えた。また，1年生に紹介する活動を設定したことで，目的意識をもち，楽しみながら学習することも期待したい。

5　単元の指導計画（全11時間）

第1次

①教師モデルと学習計画表を見て，説明書を完成させるまでの見通しをもち，学習課題を設定する。

第2次

②写真を見て，カード作りの見通しをもつ。

・教師の範読を聞きながら，作り方の順序を考える。

③文章の簡単な構成をとらえ，〈作り方〉の部分を読む。

・〈作り方〉を読みながら，しかけカードを作成する。

④しかけカードを作った活動を振り返り，作る際に気を付けたところや何度も読んだところを話し合う。（本時）

・分かりやすい説明の仕方を探す。

⑤分かりやすい説明の仕方を確かめる。

・これまでに学習した「分かりやすいせつめいのしかた」をまとめる。

⑥「しかけカードの作り方」全文を読んで，「分かりやすいせつめいのしかた」をまとめる。

第3次❶

⑦第２次にまとめた「分かりやすいせつめいのしかた」と「おもちゃの作り方」とを比べながら読み，説明書の書き方を確かめる。

⑧自分のおもちゃについて，〈はじめの部分〉，〈ざいりょうとどうぐ〉，〈作り方〉，〈あそび方〉に書く内容を整理し，〈はじめの部分〉，〈ざいりょうとどうぐ〉を書く。

⑨〈作り方〉を書く。

⑩〈あそび方〉を書く。

・書いた説明書を読み返し，付け足したり，書き直したりする。

第3次❷

⑪グループごとに１年生に紹介し，感想をもらう。

6 本時の学習（本時4／11時）

❶本時のねらい

しかけカードを作った活動を振り返り，〈作り方〉の中で使われている分かりやすい説明の仕方を見付けることができる。

（読むこと　ウ）

❷本時の展開

時間	学習活動	主な発問（○）と指示（△）	指導上の留意点（・）と評価（◇）
5分	1．前時の学習活動を振り返る。	○しかけカードを作った活動を振り返りましょう。	・何度も読んでいる箇所は，カードを正しく作る上で大切な箇所であることを確認する。
	2．本時のめあてを確認する。		
	分かりやすいせつめいのしかたをみつけよう。		
10分	3．前時で線を引いたところを確かめ，付け加える部分があれば付け加える。	○作るときに気を付けたところや，何度も読んだところを思い出して，分かりやすいと思ったところに線を引きましょう。 △本文に書かれている説明の工夫を見付けるよう指示する。	・作り方の順番が分かった言葉や写真を見て分かったところについても気付くことができるようにする。 ・本文を拡大したものを使って確かめていく。
10分	4．着目した説明の仕方についてペアで話し合う。		・作業するときに友達がどこを読んだのかを確かめ，正しく作るための文が共通していることを認識する。 ・自分が文章を書くことを意識して話し合うようにさせる。

15分	5．全体で交流する。	【予想される子供の反応】 ・「まず」「つぎに」などの言葉があると作る流れが分かりやすい。 →順序を表す言葉 ・文に合った写真や絵があると分かりやすい。 →写真や絵の効果 ・数字を使うと具体的で分かりやすい。 ・作業するときの理由や注意の文があると作りやすい。 ・場所を表したり，たとえたりする言葉があるとよい。	◇しかけカードを作ったときの体験を基に，文章を読みながら，説明の工夫を見付けている。 （読ウ） （発言，ワークシート）
5分	6．本時の学習の振り返りをし，次時に向けての見通しをもつ。	△見付けた説明の仕方の生かし方を確かめることを確認する。	

❸本時の板書例

7　主体的・対話的で深い学びにつながる指導と評価のポイント

❶指導のポイント

ワークシート

説明書を実際に書く活動において，ワークシートを３段階用意した。

まずは，①に作ったおもちゃを見ながらメモをする。その際に，具体的な言葉を使うように指導をした。
（例：ゆびでおす→ゆびのはらでおす）文章で書くのではなく，箇条書きであくまでもメモを書くということを徹底した。

次に，②に①で書いたメモを文章化していく。文と文をつなぐ言葉を考えたり，メモでは足りなかった言葉を付け加えたりするなど，①を膨らませて文章にしていく。友達との読み合いも行った。

そして，③に清書をしていく。段落を変えることを意識して文章を書き進めていった。

３段階に分けてステップアップしていくことで，文章を書くのが苦手な子供も，メモを使って書き進めることができた。また，何度も読み返し言葉を吟味して文を作ることができた。

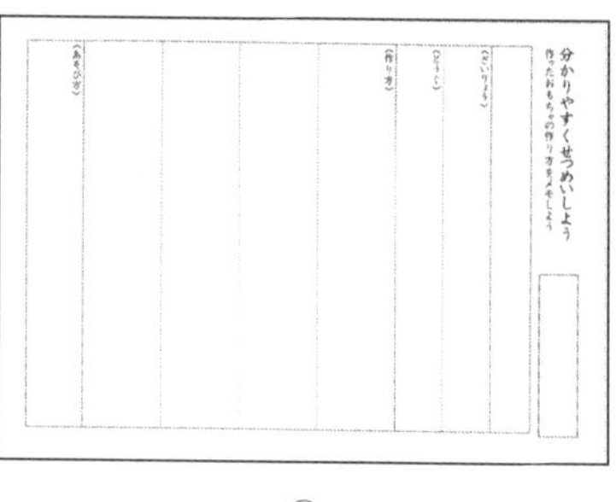

①

②

③

全文掲示

黒板に全文を拡大したものを貼り，子供の手元にある文章と対応させながら学習を進められるようにした。

そうすることで，自分が線を引いたところについて全体で共有するときに，視覚でも情報が分かりやすく，理解を助けることができた。

❷評価のポイント

作品の評価

どうしてそのような手順を踏むのかの理由や，作業をするときの注意やアドバイスを書くことができているかを評価のポイントとした。

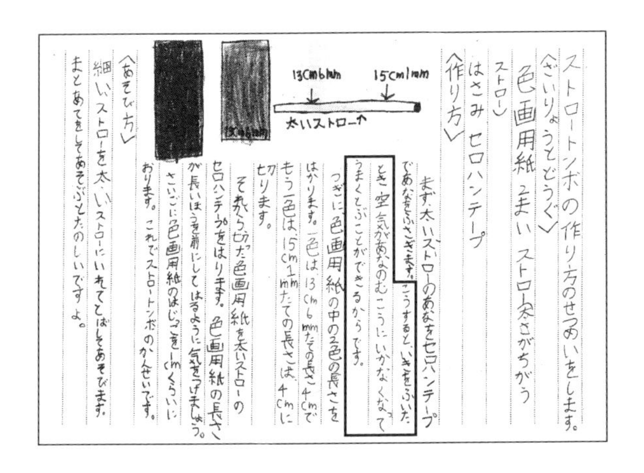
ストロートンボの作り方のせつめいをします。
〈ざいりょうとどうぐ〉
色画用紙 2まい ストロー（太さがちがうストロー）
はさみ セロハンテープ
〈作り方〉
まず太いストローのあなをセロハンテープであなをふさぎます。こうすると，いきをふいたとき空気があなのむこうにいかなくなってうまくとぶことができるからです。
つぎに色画用紙の中の2色の長さをはかります。一色は13cm6mmたての長さ4cmでもう一色は，15cm1mmたての長さは，4cmに切ります。
それから切った色画用紙を太いストローのセロハンテープをはります。色画用紙の長さが長いほうを前にしてはるように気をつけましょう。
さいごに色画用紙のはじっこを1cmくらいにおります。これでストロートンボのかんせいです。
〈あそび方〉
細いストローを太いストローにいれてとばしてあそびます。
まとあてをしてあそぶとたのしいですよ。

【理由】

（なぜなら，）こうすることで，いきをふいたときに，空気があなのむこうにいかなくなって，うまくとぶことができるからです。

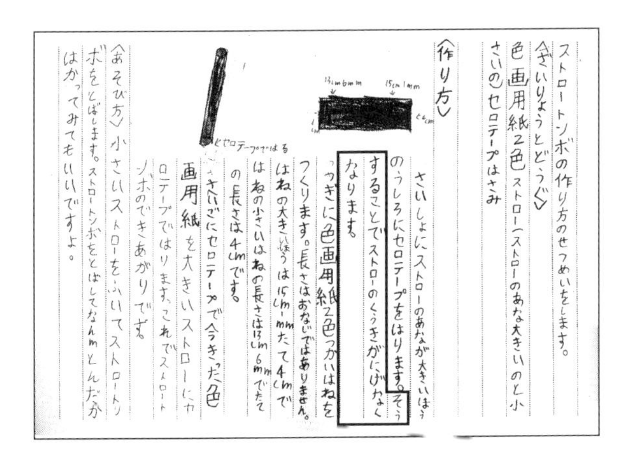
ストロートンボの作り方のせつめいをします。
〈ざいりょうとどうぐ〉
色画用紙2色 ストロー（ストローのあな大きいのと小さいの）セロテープ はさみ
〈作り方〉
さいしょにストローのあなが大きいほうのうしろにセロテープをはります。そうすることでストローのくうきがにげなくなります
つぎに色画用紙2色つかいはねをつくります。長さはおなじではありません。はねの大きいほうは15cm1mmたて4cmではねの小さいはねの長さは13cm6mmでたての長さは4cmです。
さいごにセロテープで今きった色画用紙を大きいストローにセロテープではります。これでストロートンボのできあがりです。
〈あそび方〉小さいストローをふいてストロートンボをとばします。ストロートンボをとばしてなんmとんだかはかってみてもいいですよ。

【理由】

そうすることで，ストローのくうきがにげなくなります。

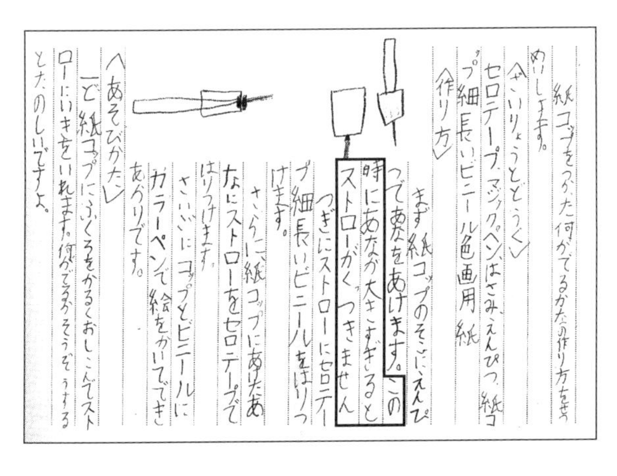
紙コップをつかった何がでるかなの作り方をせつめいします。
〈ざいりょうとどうぐ〉
セロテープ，マジックペン，はさみ，えんぴつ，紙コップ，細長いビニール，色画用紙
〈作り方〉
まず紙コップのそこにえんぴつであなをあけます。この時にあなが大きすぎるとストローがくっつきません
つぎにストローにセロテープ細長いビニールをはりつけます。
さらに，紙コップにあけたあなにストローをセロテープではりつけます。
さいごにコップとビニールにカラーペンで絵をかいてできあがりです。
〈あそびかた〉
一ど紙コップにふくろをかるくおしこんでストローにいきをいれます。何がでるかそうぞうするとたのしいですよ。

【注意】

この時にあなが大きすぎるとストローがくっつきません。

（木本　晴奈）

「かえるくん・がまくんシリーズ」を読んで，お気に入りのお話を紹介しよう

【時間数】全12時間・【教材名】お手紙（光村図書２年下巻）
【並行読書材】ふたりはともだち，ふたりはいっしょ，ふたりはいつも，ふたりはきょうも（文化出版局）

1　単元の指導目標

◎シリーズの作品を読み，好きな作品を選んだり，お気に入りの場面や登場人物を見付けたりして読書に親しむことができる。（知・技(3)エ）

○文の中における主語と述語との関係に気付いて文章を読むことができる。（知・技(1)カ）

○物語を紹介することに向けて，内容の大体をとらえたり，好きな場面に着目して，登場人物の行動を具体的に想像したりするとともに，文章の内容と読書体験とを結び付けて感想をもつことができる。（読むこと　イ，エ，オ）

○シリーズ作品を読む楽しさを味わいながら，好きな作品や好きな場面を見付けて読もうとしたり，それらを紹介しようとしたりすることができる。（学びに向かう力等）

2　単元の評価規準

知識・技能	思考力・判断力・表現力等	主体的に学習に取り組む態度
・シリーズの作品を読み，好きな作品を選んだり，お気に入りの場面や登場人物を見付けたりして読書に親しんでいる。（知・技(3)エ） ・文の中における主語と述語との関係に気付いて文章を読んでいる。（知・技(1)カ）	「C読むこと」 ・紹介したい作品を選ぶためにシリーズの作品を読み，それぞれの作品について誰が，どうして，どうなったかなど内容の大体をとらえている。（イ） ・物語を紹介するために，好きな場面に着目して，登場人物の言動を具体的に想像している。（エ） ・物語を紹介するために，文章の内容とシリーズ作品で読書した内容とを結び付けて感想をもっている。（オ）	・シリーズ作品を読む楽しさを味わいながら，好きな作品や好きな場面を見付けて読もうとしたり，それらを紹介しようとしたりしている。

3　単元について

❶教材について

本単元の「お手紙」は，かえるくんの優しさ，ユーモア，そしてがまくんとのほのぼのした友情の芽生えなどを描いた作品であり，子供にとって親しみやすい。また会話文も多く，挿絵も効果的なので，低学年にとって物語の展開が読み取りやすい。

さらに，かえるくんとがまくんが登場するシリーズ本は，引き続き２人の様子がほのぼのと描かれていて，自分のお気に入りの場面を紹介しやすい。

❷指導について

本単元の「お手紙」では，まず自分のお気に入りの場面を選び，想像を広げさせるためにペープサートで紹介する。友達と自分の表現の違いを確認し，友達の表現のよさに気付くことで，登場人物の心情にさらに寄り添えるようにしたい。

単元の後半では，シリーズ本の中のお気に入りのお話を紹介するという活動を行う。内容を知らない友達に紹介するという場面を設定することで，より主体的に意欲をもって取り組めるようにする。

これらの活動を通して，豊かに想像を広げ，いきいきと表現する力を育みたい。さらに，「多読」につなげたいと考える。

新学習指導要領対応ガイド

❶ねらいに合った言語活動を生かす指導の工夫

本事例ではペープサートを使って紹介する言語活動を位置付けています。そのような活動ばかりでしっかり読み取れるのかと案じがちですが，そうではありません。ここでねらうのは，エの指導事項であれば，子供自らがある場面に着目し，登場人物の言動を具体的に想像する能力です。ペープサートは登場人物の言動，つまり動きや会話を生かして演じる人形劇の一種です。好きな場面の叙述を繰り返し読みながら，その場面の登場人物の言動を基にペープサートで演じる言語活動を生かすことで，子供たちは自らこのねらいに向かっていくことができます。そうしたねらいを実現する子供主体の学習を引き出すのが質の高い言語活動なのです。

❷シリーズ作品を読むことで読む能力を高める指導の工夫

本事例ではシリーズ作品を多読する読書活動を取り入れています。教材文「お手紙」を読むだけでも大変なのに，と思いがちですが，むしろシリーズをたくさん読む方が，「お手紙」も含め，人物の行動やそのわけなどを具体的に想像しやすくなります。そこで評価規準にも，「シリーズで読書した内容と結び付け」て，「このお話でも○○くんが，◇◇しているから好き」などと感想をもてるようにすることを位置付けています。

4　言語活動とその特徴

本単元の目標を実現するための言語活動として，ペープサート劇を通してかえるくん・がまくんシリーズのお話を紹介する活動を行うことにした。ここでは，まず「お手紙」で登場人物や会話文など内容を確認し，自分のお気に入りの場面を見付け，ペープサートで紹介する。実際に何度も紙人形を使いながら紹介の仕方を考えていく。そうすることによって，場面を想像しやすくなると考えた。

次に「お手紙」で学んだことを生かして，「かえるくん・がまくんシリーズ」の自分の選んだお話をペープサートで紹介する。自分で登場人物の会話や行動を結び付けるが，そのときに，紙人形を使うことで登場人物の心情に寄り添うことができ，具体的に想像しやすいと考えた。最後に「おはなし劇場」を開き，内容の知らない友達に紹介する。その活動を通して意欲的に取り組めると考えた。また，聞く側は「どんなお話なんだろう」「続きが読んでみたい」と多読にもつながると考えた。

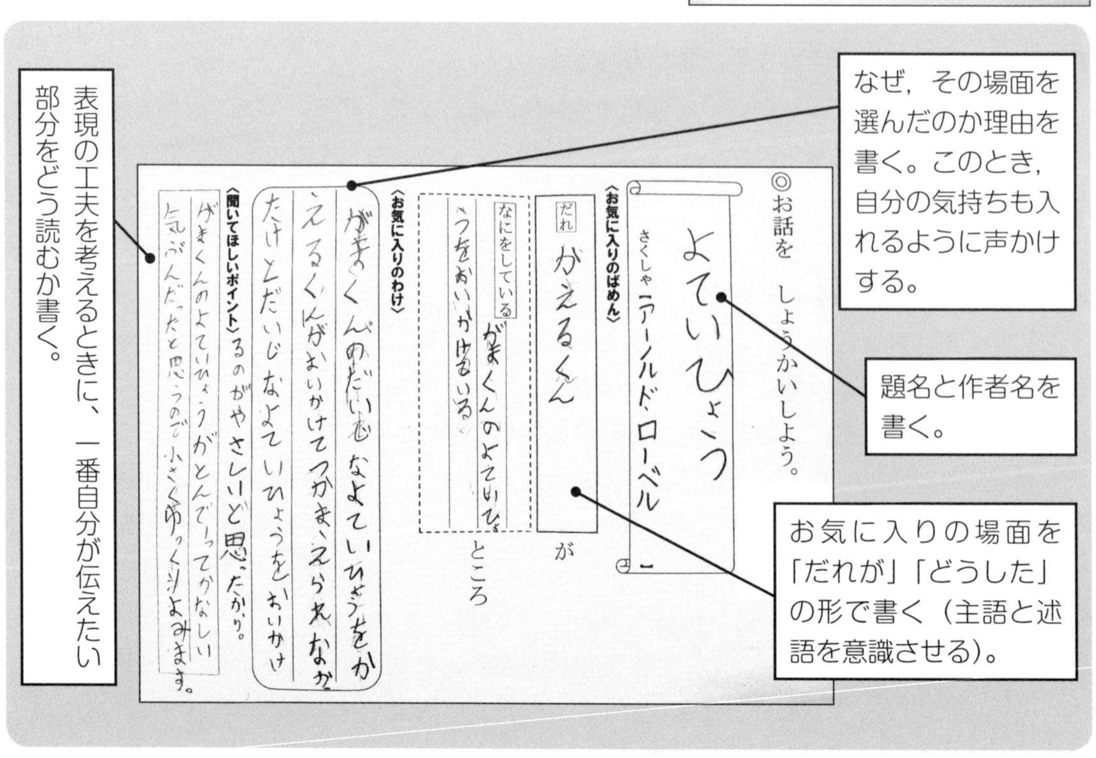

5　単元の指導計画（全12時間）

第1次

①教師のペープサート劇を見て学習課題をつかむ。

・「お手紙」の範読を聞き，興味をもつ。

第2次❶

②「お手紙」に出てくる登場人物を確認し，その人物の紙人形を作る。

③④⑤「お手紙」に出てくる登場人物の行動や会話を確認し，挿絵と結び付けながらあらすじを確認する。

第2次❷

⑥⑦「お手紙」の中でお気に入りのところを，場面の様子や行動・会話に着目して見付ける。

・表現の仕方や動かし方を考える。

⑧「お手紙」のお気に入りのところをグループに分かれてペープサートで紹介し，感想を交流する。

第3次

⑨⑩⑪かえるくん・がまくんシリーズの中からお気に入りのお話を選ぶ。　（本時⑪）

・「お手紙」での学習を生かし，登場人物の行動や会話を確認し，挿絵と結び付けながらお気に入りの場面を見付け，理由を書く。

⑫お気に入りのところをグループに分かれてペープサートで，紹介し，感想を交流する。

6　本時の学習（本時11／12時）

❶本時のねらい

お気に入りの場面を紹介するために会話や動かし方の工夫を考えることができる。

（読むこと　エ）

お気に入りの場面をペープサートで表現することに主体的に取り組もうとすることができる。

（学びに向かう力等）

❷本時の展開

時間	学習活動	指導上の留意点（・） 留意点と手立て・支援（★）	評価（◇）
導入 ３分	１．前時の復習 ○これまでの学習を思い出す。		
	２．本時の課題 ○本時の課題を確かめる。	・「お手紙」で学習してきたことを振り返り，これから行う学習とつなげられるようにする。	
	お気に入りのばめんのひょうげんのくふうやうごかしかたを考えよう。		
展開 32分	３．登場人物の会話や行動を基に，表現の工夫や動かし方の工夫を考える。	・お気に入りの場面をペープサートで紹介するために，人物の言動の叙述を基に，表現の工夫（声の大きさ・読む速さ等）や動かし方の工夫を考えさせ，ワークシートに書かせる。 ★表現の工夫（声の大きさ・読む速さ等）はいくつか事前に例を挙げ，教室に掲示しておく。	お気に入りの場面を紹介するために，人物の言動を具体的に想像している。 （読エ） （ワークシート）
	４．考えた工夫を使って紹介する練習をする。	・人物の言動を叙述から想像できるように，文章を何度も読むように促す。	
	５．ペアに分かれて見せ合う。	・「かえるくんが……しているがまくんに，……してあげた場面」など，着目	

		した場面の様子を伝えてからペープサートで演じて見せ合うように声かけをする。	
	6．お気に入りのお話をペープサートで演じて紹介する。	・自分で練習してきたお話の紹介を，ペアで見せ合い伝えさせる。 ・何人かの子供に発表させ，次時の学習の見通しをもたせる。 ・発表した子供のよかった点や感想を発表させる。	◇お気に入りの場面をペープサートで表現することに主体的に取り組もうとしている。 （態）（観察）
まとめ 10分	7．本時のまとめ ○本時の学習を振り返る。	・お気に入りの場面を紹介するために自分の工夫した点や，友達の発表を聞いて自分と友達を比べて改善したい点などを振り返り，ワークシートに振り返りを書かせる。	

❸本時の板書例

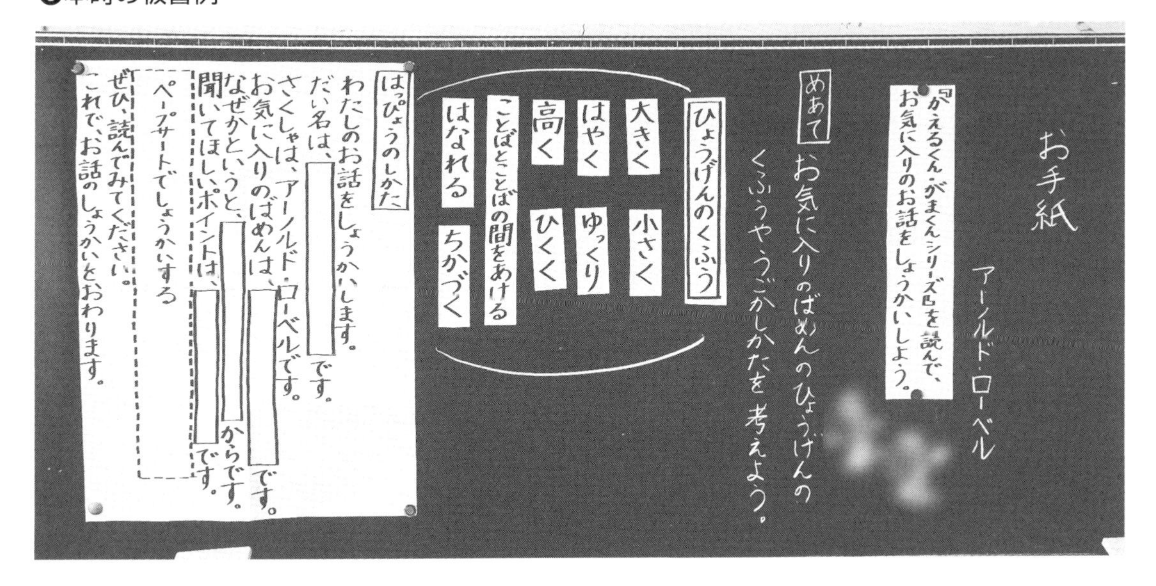

7　主体的・対話的で深い学びにつながる指導と評価のポイント

❶指導のポイント

第０次の活用とモデルの掲示

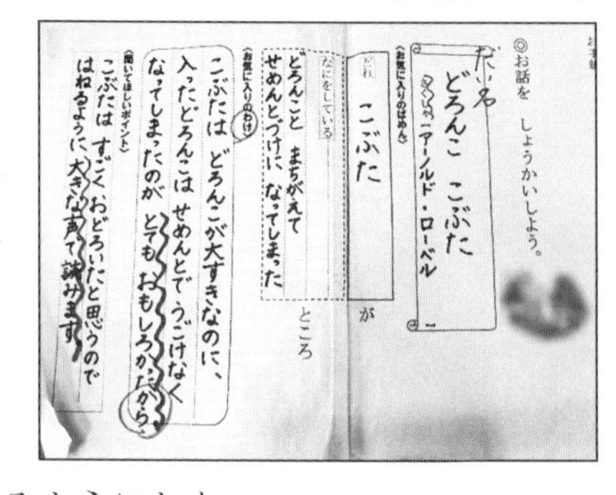

本単元に入る前に，第０次として子供の目につくところにかえるくん・がまくんの人形を置いたり，アーノルド・ローベルの本を紹介したりすることで，子供が興味・関心をもてるようにした。また，学習のはじめに子供に「お手紙」と同じ作者であるアーノルド・ローベル作の「どろんこぶた」というお話を使って教師自身がペープサートでお気に入りの場面を紹介した。モデルを掲示することで，自分もやってみたいという意欲を高め，学習の見通しをもてるようにした。

並行読書をする

本単元を学習しながらかえるくん・がまくんシリーズを並行読書し，シリーズの中からお気に入りのお話を１つ選ぶようにした。並行読書をする際に，クラスを４グループに分け，グループごとに違うシリーズの本を渡した。子供は自分のグループ以外の本の内容を知らないため，紹介されたときに，「続きはどうなるんだろう」「読んでみたいな」という気持ちになり，「多読」につながると考えた。また，紹介する側は，内容の知らない友達に紹介するので，より主体的に意欲をもって取り組めた。

内容を深めるためのワークシートの活用

【気持ちのバロメーターのワークシート】

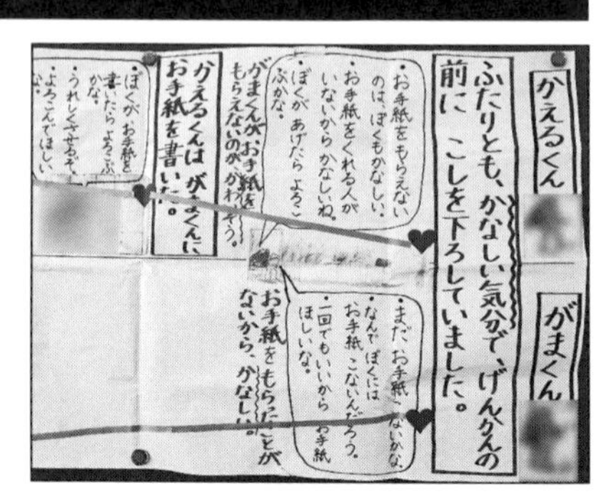

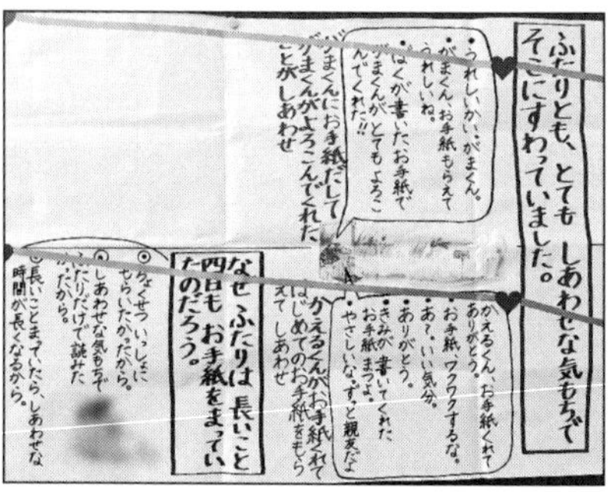

「お手紙」の話の中でかえるくん・がまくんの気持ちを想像するために，時間軸で気持ちをつかんだ。

「ふたりとも，かなしい気分で，げんかんの前にこしをおろしていました。」という文には，２人とも悲しいと書いてあるが，

㋕…お手紙を一度ももらったことがないことが悲しい。

㋕…がまくんがお手紙をもらえないことがかわいそうで悲しい。

また，後半部分には，「ふたりとも，とてもしあわせな気もちで，そこにすわっていました。」という文がある。そこには２人とも幸せな気持ちと書いてあるが，

㋕…かえるくんがお手紙をくれて，初めてお手紙をもらえて幸せ。

㋕…がまくんにお手紙を出して，がまくんが喜んでくれたので幸せ。

という気持ちの違いに気が付くことができた。また，時間軸で気持ちをつかむことで，より登場人物の心情に寄り添うことができた。

❷評価のポイント

第9，10時では「お手紙」での学習を生かして，登場人物の行動や会話から内容をつかみ，お気に入りの場面を見付け，選んだ理由を書く。

評価規準は以下の通りである。

「十分満足できる」（A）　：自分が選んだお話の中のおもしろさに気付き，その部分をお気に入りの場面として見付け，また自分の気持ちをしっかり入れ理由が書けている。

「おおむね満足できる」（B）：見付けたお気に入りの場面と理由が，お話の内容に即している。

「努力を要する」（C）　：お気に入りの場面を見付けることが難しい。

「十分満足できる」（A）のようなノートを目指すために，「おおむね満足できる」（B）には，教師からの声かけや，子供相互での交流を通してAのようなノートを目指す。また「努力を要する」（C）には，教師が提示した挿絵を手がかりに子供に場面を決定させる。

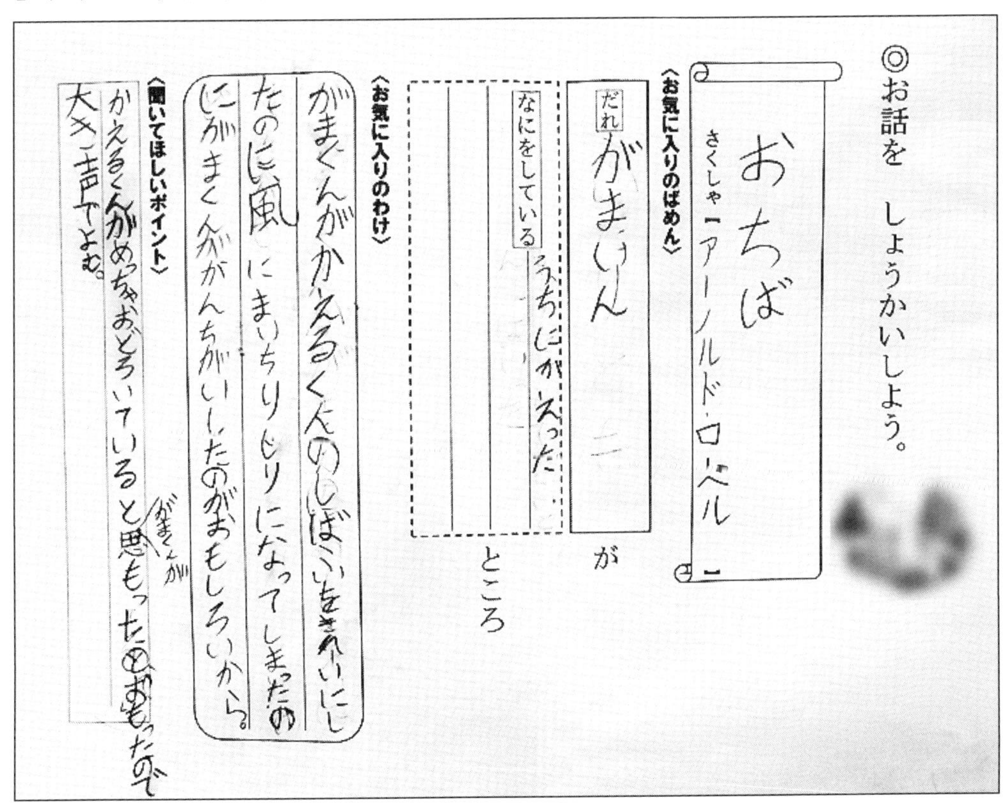

Aと判断したノート

（尾崎　彩子）

お気に入りの場めんをゆび人形げきで１年生にしょうかいしよう

【時間数】全12時間・【教材名】ニャーゴ（東京書籍２年下巻）・【並行読書材】おまえうまそうだな（ポプラ社），ちゅーちゅー（すずき出版），キツネのおとうさんがニッコリわらっていいました（金の星社）

1　単元の指導目標

◎いろいろな物語を読み，好きな作品を選んだり，お気に入りの場面や登場人物を見付けたりして読書に親しむことができる。（知・技(3)エ）

○作品のお気に入りの場面やそのわけを指人形劇で紹介することに向けて，物語の内容の大体をとらえたり，好きな場面の様子に着目し，登場人物の言動を基に好きなわけを具体的に想像したりするとともに，作品を読んで感じたことを共有することができる。（読むこと　イ，エ，カ）

○複数の絵本を楽しんで読書し，お気に入りのところを見付けたり，そのわけをはっきりさせて紹介しようとしたりすることができる。（学びに向かう力等）

2　単元の評価規準

知識・技能	思考力・判断力・表現力等	主体的に学習に取り組む態度
・いろいろな物語を読み，好きな作品を選んだり，お気に入りの場面や登場人物を見付けたりして読書に親しんでいる。（知・技(3)エ）	「Ｃ読むこと」 ・紹介したい作品を選ぶために，いろいろな物語を読み，その内容の大体をとらえている。（イ） ・作品のお気に入りの場面やそのわけを指人形劇で紹介することに向けて，好きな場面の様子に着目し，登場人物の言動を基に好きなわけを具体的に想像している。（エ） ・読んで感じたことを共有し，読み合う楽しさを味わっている。（カ）	・複数の絵本を楽しんで読書し，お気に入りのところを見付けたり，そのわけをはっきりさせて紹介したりしようとしている。

3 単元について

❶本単元に関わる子供の言語経験や言語能力の育ち

本学級の子供は，単元「お気に入りのところを音読します」では，中心教材「名前を見てちょうだい」で音読表現することで友達とお気に入りのところを紹介し合った。また，単元「しょうかいしよう！むかし話のここがお気に入り」では，中心教材「かさこじぞう」でお気に入りのわけをまとめて紹介し合った。こうして，場面に着目してお気に入りのところを選んで友達と紹介し合う学習を積み重ねてきた。想像して読んだことを友達と紹介し合う「対話」を，物語のはじめから一場面ごとに繰り返すことにより，友達の表現から気付きを得たり，学びを深めたりしながら，自分が想像して読んだことを紹介できるようになってきた。そこで今回は，場面ごとではなく，物語全体からお気に入りの場面を選ぶことにする。選んだわけを交流し，想像を広げて読んだことを指人形で表現する活動に挑戦させたい。

❷本教材の言語的価値

本教材「ニャーゴ」は，ねずみを食べようと企むねこの「たま」と，ねこを知らない無邪気な３匹の子ねずみたちとの出会いを描いた物語である。「補食―被食」の関係にあるはずの両者の対照的な行動や予想外な展開が，ユーモアいっぱいに描かれている。子ねずみたちの行動には，無邪気さや優しさが表され，一方の「たま」の行動には，子ねずみたちに翻弄され，当初の企みが変化していく心情が表されている。場面の様子について，登場人物の行動から想像を広げて読み，お互いの読みを交流することにふさわしい教材である。

新学習指導要領対応ガイド

❶互いの読みを共有しやすくするための指導の工夫

本事例では，「Ｃ読むこと」の「カ　文章を読んで感じたことや分かったことを共有すること」をねらいの一つにしています。この指導事項について，『小学校学習指導要領解説国語編』では，「一人一人が文章のどの叙述に対して，どのような感想をもったのかを共有しやすくするための配慮」が大切であることが述べられています。本事例の教材文の読みにおいて，この配慮を効果的に実現するために工夫したものが，全文掲示です。全文掲示上の好きな場面や叙述に印をつけ，それを手がかりに読みを共有することで，ねらいの実現に迫っているのです。低学年では，複数ページにまたがる物語の叙述を引用して伝え合うことが難しいことが考えらえます。そうした子供の実態を踏まえた指導の工夫が一層大切になります。

❷交流の質を高めるための手立て

読むことにおける交流は，単に活発なやり取りを目指して行わせるものではなく，当該単元のねらいの実現に向けて行われることが大切です。本事例では，子供たちが文章をお互いに読めるように横に並んで対話したり，多様な話型の提示を工夫したりしています。

4 言語活動とその特徴

本単元では，言語活動として「お気に入りの場面を指人形劇で１年生に紹介する」活動を設定した。お気に入りの場面を指人形劇で表現するためには，場面の様子について想像を広げて読まなければならない。登場人物の行動に着目してお気に入りの場面を選び，お気に入りのわけをまとめて友達と交流することで，想像を広げて読んでいく。そして，自分が着目した場面の様子について相手に伝わるように指人形劇で紹介する。

指人形劇の特徴は，次の３点である。

①複数の登場人物の行動を，音読とともに一人で指人形を動かして表現すること。

②お気に入りの場面を１年生に指人形劇で紹介するという相手意識をもってすること。

③自分の経験と結び付けてお気に入りのわけをまとめること。

１年生に指人形劇で紹介するために，場面の様子を想像を広げて読む必要がある。これらの活動は，「C読むこと」の指導事項「エ　場面の様子に着目して，登場人物の行動を具体的に想像すること」及び「オ　文章の内容と自分の体験とを結び付けて，感想をもつこと」，「カ　文章を読んで感じたことや分かったことを共有すること」を身に付けるために適した言語活動であると考えた。

❶指人形劇の話型

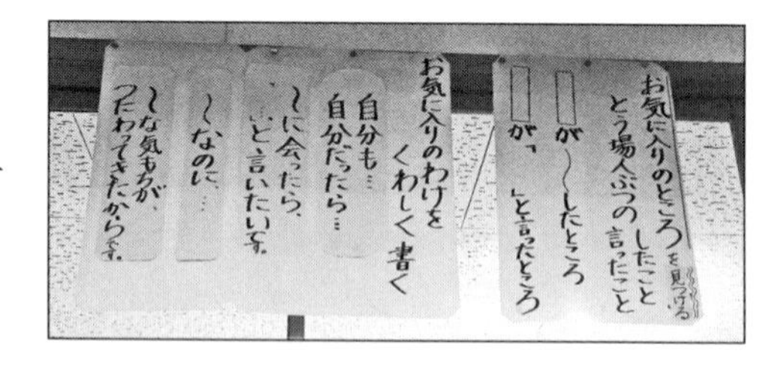

「△△△」の指人形劇をします。

ぼくのお気に入りの場面は，○○が～した（と言った）ところです。

お気に入りのわけは，…です。見てください。

❷指人形のポイント

子供用の手袋にマジックテープを付けておくことで，「ニャーゴ」の登場人物から並行読書の登場人物への付け替えを可能にしておく。

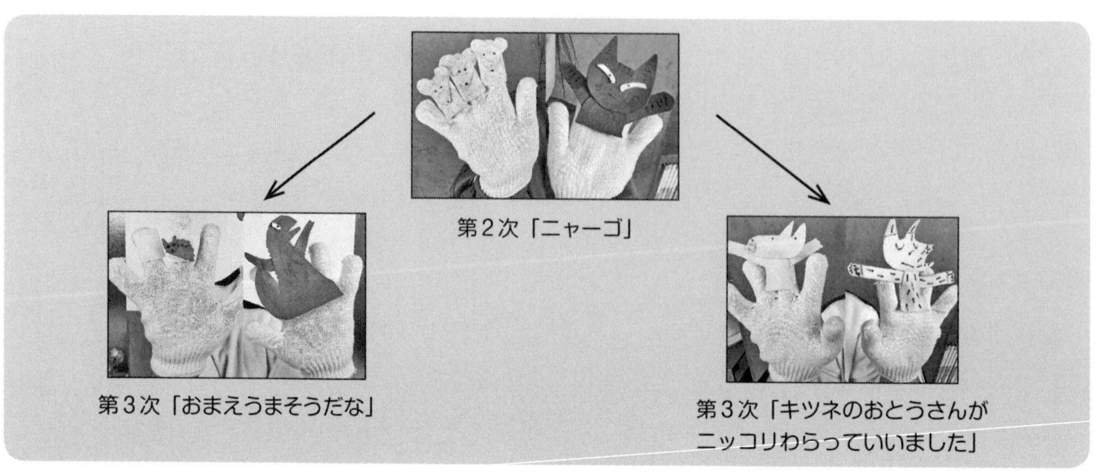

第２次「ニャーゴ」

第３次「おまえうまそうだな」

第３次「キツネのおとうさんがニッコリわらっていいました」

5 単元の指導計画（全12時間）

第1次

学しゅうけい画をたてよう

①これまでの学習を振り返って，できるようになったことを話し合う。

②お気に入りの場面を１年生に指人形劇で紹介する計画を立てる。並行読書を進める。

第2次❶

「ニャーゴ」で，お気に入りの場めんをゆび人形げきで友だちにしょうかいしよう

③「ニャーゴ」を読んで，難しい言葉を確認する。

④「時」「場所」を手がかりに場面を分け，出来事のつながりをとらえる。

⑤お気に入りの場面を選び，選んだ理由をまとめる。

⑥お気に入りの場面と選んだ理由について交流し，読み広げたことを指人形劇に生かす。（本時）

⑦お気に入りの場面を指人形劇で紹介する。

第2次❷

⑧お気に入りの場面を選び，選んだ理由を書く。

⑨同じ本を選んだ友達とお気に入りの場面と選んだ理由を交流し，指人形劇に生かす。

⑩同じ本を選んだ友達と指人形劇の練習をし，アドバイスをし合う。

えらんだ本でお気に入りの場めんをゆび人形げきで１年生にしょうかいしよう

第3次

⑪お気に入りの場面を指人形劇で１年生に紹介する。

⑫学習の振り返りをする。

連続する子供の意識　お気に入りの場めんをゆび人形劇で一年生にしょうかいしよう！

6　本時の学習（本時6／12時）

❶本時のねらい

お気に入りのわけを紹介し合う活動を通して，いろいろな友達の思いや感じ方に触れ，場面の様子を豊かに想像しながら読む。

（読むこと　エ，カ）

❷本時の展開

時間	主な学習活動	指導上の留意点（・）	評価（◇）
5分	1．本時のめあてをつかむ。	・単元計画等の掲示物を使って単元の出口を意識させることで，本時の学習のめあてを明確にさせる。	
	お気に入りのわけをしょうかいし合い，友だちの考えたことを知ろう。		
5分	2．お気に入りの場面とお気に入りのわけについて紹介し合う。 (1)同じ場面を選んだ友達と紹介し合う。 ・友達と同じところを選んでたけど，お気に入りのわけが違ったよ。そんなふうに考えるなんておもしろいなあ。	・お気に入りのわけを書いたワークシートを2人の間に置くことで，考えたことをお互いに共有しやすくする。 ・同じ場面を選んだ友達と対話することで，自分が選んだ場面について想像を深めさせたい。	
10分	(2)違う場面を選んだ友達と紹介し合う。 ・○○くんのお気に入りのわけがよく分かったよ。ぼくとは違うところだけど，そこもおもしろそうだなあ。 ・だからそこがお気に入りなんだね。○○ちゃんらしいなあ。	・異なる場面を選んだ友達と対話することで，自分が気付かなかった場面の様子に気付かせたり，一人一人の読みのおもしろさを感じさせたりしながら，物語の様々な場面について想像を広げて読ませたい。	◇自分との相違点を意識しながら，いろいろな友達の思いや感じ方に触れ，着目した場面を具体的に想像して読んでいる。

			（読エ） （観察・発言）
15分	3．友達と紹介し合って気付いたことを発表し合う。 ・○○さんのわけから，ねこが～と思っている様子が伝わってきました。 ・○○さんのところもいいなあと思いました。なぜなら…。	・ノートに気付いたことを書いてから発表させる。 ・話型をいくつか提示することで発表の手立てとする。 ・友達との相違点や共通点を見いだすことで，場面の様子について様々な視点から想像を広げて読ませたい。 ・様々なお気に入りのわけを知ることで，読みの多様性を味わわせたい。	◇場面の様子について豊かに想像を広げて読み，友達の思いを分かち合ったり，認め合ったりしている。 （読カ） （観察・発言・ノート）
5分	4．指人形で表現する。	・紹介し合って気付いたことや想像を広げて読んだことを生かして，指人形で表現させる。	
5分	5．今日の学習を振り返る。	・めあてに対して振り返りをさせ，学んだことを確認する。	

❸本時の板書例

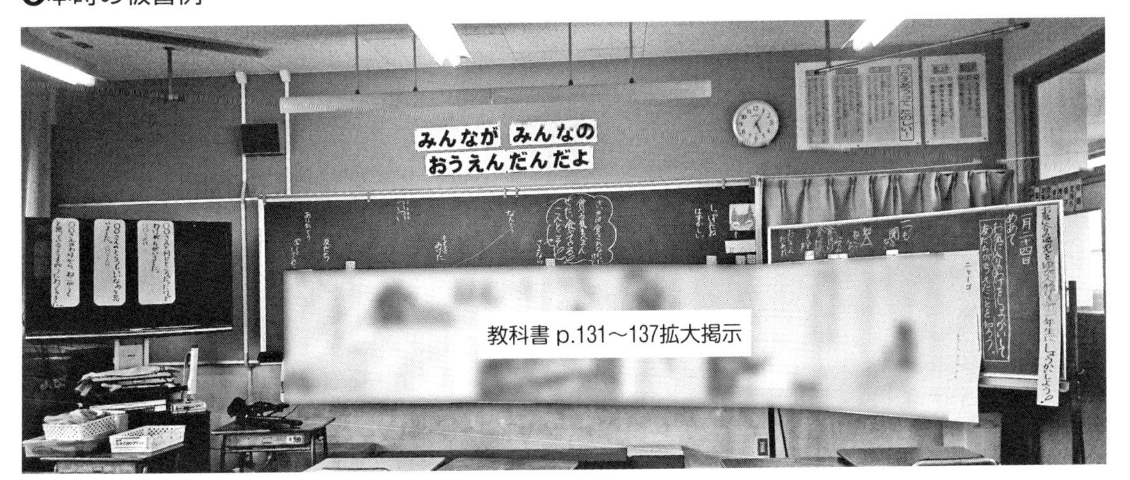

7 主体的・対話的で深い学びにつながる指導と評価のポイント

❶指導のポイント

第1次では，これまでの学びを振り返るところから学習を始めた（①）。2年生で学ぶ物語の最終教材であることを意識させ，これまで学んできたことを用いて，お気に入りの場面を指人形劇で表現することに意欲をもたせた（②）。並行読書は，宮西達也作品の中で，「補食―被食」の関係にある登場人物の対照的な行動が感情豊かに描かれている3作品を選定した（③）。

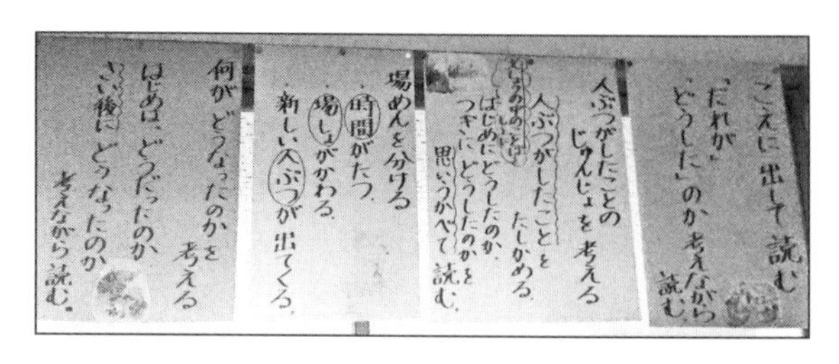

①

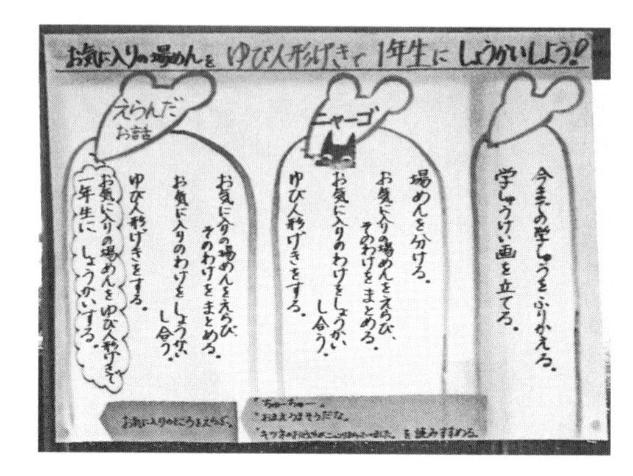

②

並行読書
『おまえうまそうだな』（ポプラ社）
『ちゅーちゅー』（すずき出版）
『キツネのおとうさんがニッコリわらっていいました』（金の星社）

③

第2次では，中心教材「ニャーゴ」で，登場人物の行動に着目しながらお気に入りの場面を選び，想像を広げて読んだことを指人形劇で表現することに挑戦した。はじめに，どの場面をどんな理由で選んだのかについて友達と対話した（④⑤）。同じ場面を選んだ友達と対話することで，場面の様子について，より想像を深めることができた。次に，異なる場面を選んだ友達と対話することで，自分が気付かなかった場面の様子に気付いたり，友達の様々な感じ方を味わったりしながら，想像を広げて読むことができた。これらの交流を通して「ニャーゴ」の世界を読み広げ，指人形の表現へ生かしていった。

④

続いて，並行読書の3冊の中から1冊を選

び，作品全体からお気に入りの場面を選び，お気に入りのわけを明確にして指人形劇で表現していった（⑥⑦）。お気に入りの場面を指人形劇で１年生に紹介するという最終的なゴールに向けて，豊かに想像を広げて物語を読み進める姿を期待した。

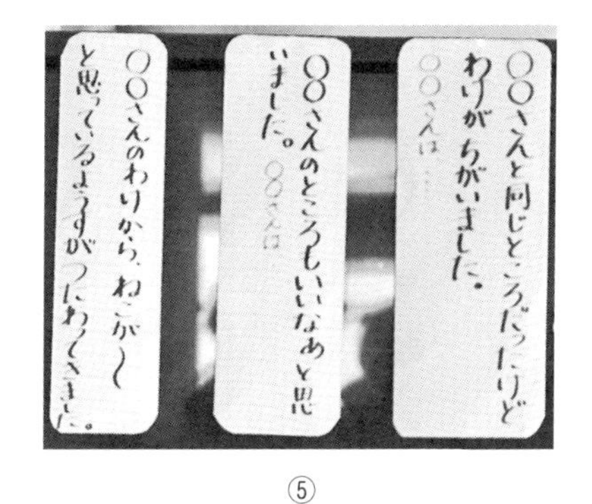

⑤

⑥

⑦

❷評価のポイント

お気に入りカードにお気に入りのわけをまとめさせることで，子供の読みを把握した。文章の内容と自分の経験とを結び付けてお気に入りのわけをまとめているかについて，的確に指導と評価をできるようにした。また，友達との交流後に気付いたことを発表する際には，気付いたことをノートに書く活動を設け，評価にも活用した。

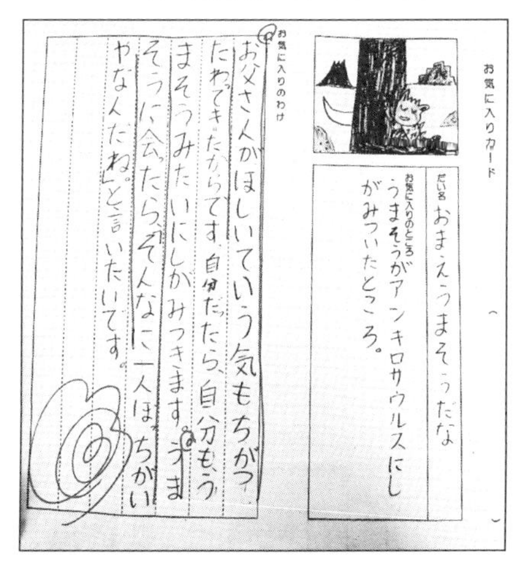

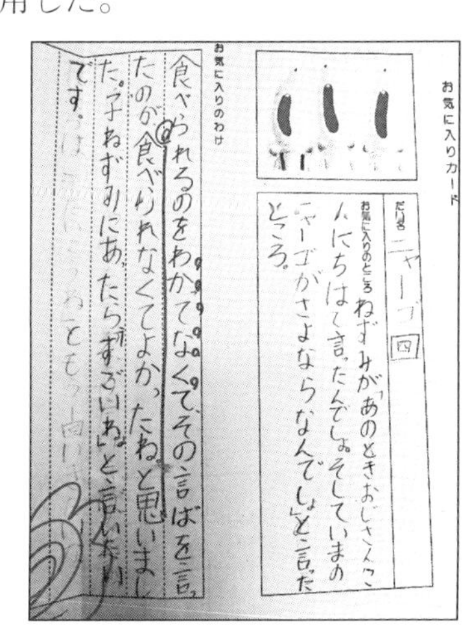

お気に入りカード

（嶋　希）

【編著者紹介】
水戸部　修治（みとべ　しゅうじ）
京都女子大学教授。
小学校教諭，県教育庁指導主事，山形大学地域教育文化学部准教授等を経て，文部科学省初等中等教育局教育課程課教科調査官，国立教育政策研究所教育課程研究センター総括研究官・教育課程調査官・学力調査官，平成29年４月より現職。専門は国語科教育学。平成10・20年版『小学校学習指導要領解説国語編』作成協力者。主な著書に，『小学校　新学習指導要領　国語の授業づくり』，『平成29年版　小学校新学習指導要領の展開　国語編』，『単元を貫く言語活動のすべてが分かる！　小学校国語科授業＆評価パーフェクトガイド』，『イラスト図解でひと目でわかる！小学校国語科　言語活動パーフェクトガイド（全３巻）』（明治図書）などがある。

【執筆者紹介】（執筆順，所属先は執筆当時）

小森　大樹	宇都宮大学教育学部附属小学校
尼子　智悠	香川大学教育学部附属坂出小学校
竹原知奈美	広島県福山市立新涯小学校
山本　千秋	東京都八王子市立第七小学校
木下　聖子	東京都八王子市立第七小学校
曽我慎太郎	東京都八王子市立第七小学校
山岸　早苗	大阪府泉南市立信達小学校
泉　　朋子	熊本県八代市立八千把小学校
杉崎　晶子	東京都葛飾区立綾南小学校
野田佳菜子	福岡県北九州市立則松小学校
小林沙由理	東京都八王子市立由木中央小学校
木本　晴奈	東京都千代田区立番町小学校
尾崎　彩子	大阪府泉南市立西信達小学校
嶋　　希	兵庫県播磨町立播磨南小学校

〔本文イラスト〕木村美穂

新学習指導要領＆３観点評価対応！小学校国語科
質の高い言語活動パーフェクトガイド　１・２年

2018年８月初版第１刷刊　©編著者　水　戸　部　修　治
発行者　藤　原　光　政
発行所　明治図書出版株式会社
http://www.meijitosho.co.jp
（企画）木山麻衣子（校正）㈱東図企画
〒114-0023　東京都北区滝野川7-46-1
振替00160-5-151318　電話03(5907)6702
ご注文窓口　電話03(5907)6668
＊検印省略　組版所　藤　原　印　刷　株　式　会　社

Printed in Japan　ISBN978-4-18-299116-5